本书获贵州医科大学马克思主义理论重点学科资助

九州文库

马克思早期哲学思想的文本解读

程广丽 著

九州出版社

JIUZHOUPRESS

图书在版编目（CIP）数据

马克思早期哲学思想的文本解读／程广丽著．－－北京：九州出版社，2022.11

ISBN 978－7－5225－1396－6

Ⅰ.①马… Ⅱ.①程… Ⅲ.①马克思主义哲学—研究 Ⅳ.①B0-0

中国版本图书馆 CIP 数据核字（2022）第 216162 号

马克思早期哲学思想的文本解读

作　者	程广丽　著	
责任编辑	蒋运华	
出版发行	九州出版社	
地　址	北京市西城区阜外大街甲 35 号（100037）	
发行电话	（010）68992190/3/5/6	
网　址	www.jiuzhoupress.com	
印　刷	唐山才智印刷有限公司	
开　本	710 毫米×1000 毫米　16 开	
印　张	14.5	
字　数	205 千字	
版　次	2023 年 1 月第 1 版	
印　次	2023 年 1 月第 1 次印刷	
书　号	ISBN 978－7－5225－1396－6	
定　价	95.00 元	

前　言

结构主义大师阿尔都塞在《保卫马克思》中说："直接阅读马克思的著作，并不能立即就明白马克思主义理论的特殊性；必须先进行一系列的批判以做准备，然后再确定成熟时期的马克思所特有的概念的位置。"① 他曾创造性地运用"问题式""症候"等概念深刻地（虽然并不全面，有形而上学的思维嫌疑）表明：我们必须对马克思进行内在解读。即是说，我们对于马克思思想的把握，不是"直接性"的阅读就可以获得的。如果将马克思的思想不加以批判和分析就当作现成性、"上手性"（海德格尔语）的东西来看待，就等于剥离了马克思思想形成的具体语境，是一种不尊重历史的过程性的错误做法。正是在这一点上，可以说，阿尔都塞对于研究马克思主义哲学应当持有的立场是正确的："研究哲学，那就是从我们自己的立场去重新开始青年马克思的批判历程，越过我们认识现实的幻想浓雾，最后达到唯一的出生地：历史。"② 因此，不管传统的马克思哲学史研究曾发挥了怎样的思想启蒙

---

① ［法］路易·阿尔都塞：《保卫马克思》，顾良译，北京：商务印书馆，1984年，第13页。

② ［法］路易·阿尔都塞：《保卫马克思》，顾良译，北京：商务印书馆，1984年，第10页。

作用，我们都必须清楚地看到，它在方法论上始终是"非法的"。按照恩格斯的说法，马克思主义理论界习惯把马克思的哲学思想分为两个阶段，以 1843 年为时间节点。在恩格斯看来，马克思在 1843 年开始实现唯物史观的转变，但是，唯物史观的创立不是一下子就完成的，而是经历了一个极其复杂的过程。也就是说，马克思并不是天生的马克思主义者，他与我们一样，是一个活生生的、不断学习不断成长着的人。马克思哲学思想之起步阶石中虽然说不上是提出了什么伟大思想，但从一开始就要求自己崇尚伟大和追求人类崇高的事业，这使得青年马克思的哲学思想出落得十分具有特点。深入研究青年马克思的这一前期哲学思想的真实内涵，对于我们今天科学地理解马克思主义哲学的本质有着重要的理论意义："经由文本解读，以及经由同当代生活、当代哲学之广泛而深入的对话所构成的视域，使马克思哲学的当代意义呈现出来。"①

反对教条主义、摆脱传统教条主义教科书思维的束缚，是 20 世纪 80 年代以来国内马克思主义哲学研究的最重要成果之一。在这一点上，无论是对历史唯物主义理论逻辑的重新论述，还是对马克思主义哲学的当代形态的探索，都取得了许多有价值的研究成果，这极大地改变了以往的研究理念，打开了新的研究空间，同时也带来了激烈的争论。从整个马克思主义哲学思想发展史的角度来看，国内的理论界对马克思早期哲学思想的研究开始于 20 世纪 80 年代初期，之后持续了很长一段时间，而且，从逻辑的维度看，20 世纪末期和 21 世纪初期对于马克思早期哲学思想的研究，在国内外是相互交叉的。无论是日本著名学者广松涉还是法国的结构主义哲学家阿尔都塞，抑或是中国研究马克思主义哲

---

① 吴晓明：《主题、基点与路径：阐说马克思哲学之当代意义》，《江海学刊》，2003年第 1 期。

学的代表者张一兵教授等，他们对马克思早期哲学思想的研究，其用意和出发点都是极其明显的：立足于对马克思主义本身精神的理解，试图打破并挣脱前苏东教科书的意识形态框架和体系，努力还原一个真实的马克思，是阐释马克思早期哲学思想的原本出发点之所在。无疑，这种做法的理论意义和现实价值都是值得肯定的。

20 世纪 70—80 年代，以南京大学孙伯鍨教授、中国人民大学陈先达教授为代表的中国马克思主义哲学史研究模式，率先开辟了一条不同于前苏东模式的新研究进路，在方法论上坚持以历史唯物主义的观点来研究马克思主义发展史，在马克思主义思想史研究中自觉贯彻实事求是的精神，客观、历史、具体地看待马克思经典作家哲学思想的真实发生发展过程。在孙先生、陈先生的著述中，涌动着一股强烈的排斥目的论的冲动，直接从每一个具体的历史语境出发，真实确证马克思、恩格斯特定的思想话语性质。在面对 1845 年之前的青年马克思的思想发展时，他们从不简单地去寻找历史唯物主义的"萌芽"，而是实事求是地考察政治上作为民主主义斗士和哲学立场上深受费尔巴哈影响的人本主义哲学家的青年马克思。在研究马克思的思想史进程时，孙先生和陈先生都真实地看到了影响马克思思想发展的每一种重要的历史资源的作用，看到了其思想发展中每一个重要的结构性转变，看到了青年马克思思想文本中所包含的各种复杂语境的多重逻辑。尤其是近些年来，以南京大学张一兵为代表的中国学者，从 20 世纪 90 年代开始，以独特的文本学的解读方式，伴随着《马克思恩格斯全集》历史考证版第二版（简称 MEGA2）研究工作的逐步展开，在努力"向世人提供一种新的思想史研究和叙事类型"的过程中，坚持在马克思主义研究中方法论自觉的重要性，强调以马克思主义的观点、立场和方法来对待马克思思想，即不是先验地认为《马克思恩格斯全集》的每一句话都是对的，深入到马克思研究和写作的具体的文本当中，消解过去那种以"原理"来反注文本的做法，试图立足于马克思、恩格斯的经典文本，真实地把握马克思主义的历史语境和总体性意义。但是这种解读也引发了许多争议和热烈讨论。在这种情况下，马克思自身思想发展的历程就被相对完整而清晰地呈现出来了。而在这种呈现的背后，隐含着一个非常重要的问题，马克思不是前苏东教科书中的那个神话一般的巨人，他不是天生的马克思主义者，马克思自身成长为马克思主义者经历了一个历史的发展过程。青年马克思是一个充满朝气的诗人、哲学家，他出生的年代被历史学家们普遍指认为"革命的世纪"。于是，接下来的问题就是，马克思究竟是如何成长为马克思主义者的？马克思早期哲学思想究竟是如何形成的？马克思早期哲学思想为什么是不容忽视的？它对于辩证唯物主义和历史唯物主义的形成有什么重要意义？等等，这些问题便成为摆在我们面前需要澄清的理论问题了。这不仅是关系到对前苏东的仅仅以意识形态线索来解读马克思主义的隐形唯心史观的严肃的理论批判，更是关系到在当前中国如何进一步推进马克思主义中国化的现实实践的进程。正因为此，张一兵教授才强调要展开对"马克思主义思想史研究的方法论检讨"，主张从传统解释框架下的意识形态式的奴役下解放出来。① 因为在实践中，不同的解读方法可能会产生完全不同甚至相反的认知结果。马克思指出："人们自己创造自己的历史，但是他们并不是随心所欲地创造，并不是在他们自己选定的条件下创造，而是在直接碰到的、既定的、从过去承继下来的条件下创造。一切已死的先辈们的传

---

① 张一兵：《马克思哲学的历史原像》，北京：人民出版社，2009年，序第2页。

统，像梦魇一样纠缠着活人的头脑。"① 历史创造如此，学术研究同样如此。基于此，本文基于马克思的德文、法文和英文的原文，从MEGA2 的文献文本出发，同时借助马克思的笔记、书信和手稿等原始文本，努力甄别青年马克思不同时期的不同理论语境，以文本视角为基本的考察进路，以期对马克思早期哲学思想的发展脉络和逻辑演进获得更为清晰的认识和更加准确的定位。

对此，我们的基本判断是：马克思是一位伟大的哲学家，但这种伟大并不是与生俱来的，而且，青年马克思的思想成长经历了一个复杂而艰难的过程。马克思成为马克思主义的奠基者，绝不是一蹴而就的，而是一个渐渐成长的过程。这种艰难不仅体现在他的政治立场上，也表现在他的哲学思想上，而且，从根本上看，后者的转变则更为艰难和复杂。从普鲁士王国莱茵省的一个普通的资产阶级青年，成长为历史唯物主义的创立者，马克思经历了一个漫长而痛苦的理论学习、探索和创造过程。在这个不断变化着的历史过程中，青年马克思一步步摆脱了自己的文化历史语境，批判地继承了一切优秀思想文化成果，凝聚时代精神，发动时代变革，最终开启了人类思想之旅中的一个光辉的新纪元。青年马克思的世界观走过了一个从康德-费希特式的唯心主义，再到黑格尔式的唯心主义，最终彻底转向唯物主义的复杂路径。伴随着这种世界观的改变，青年马克思的政治立场由自由民主主义转向革命民主主义，最终转向共产主义，超越了同时代德国人的狭隘视野，最终走向了政治伦理学的理论新大陆。

需要进一步说明的是，本书对"马克思早期哲学思想"的界定的基本依据是，作为一个伟大的思想家，马克思的"理论的彻底性"不

---

① 《马克思恩格斯选集》第 1 卷，北京：人民出版社，2012 年，第 669 页。

是一下子就获得的，而是经历了一个复杂的过程。马克思之所以后来成长为一个坚定的马克思主义者，成长为历史唯物主义者，是需要借助于多个入口才到达的。本书以 1845 年马克思发表《关于费尔巴哈的提纲》这一被恩格斯称为"天才萌芽的第一个文件"为标志，并以此为基本界线，将 1845 年之前马克思的思想成长历程称为早期思想的探索。因此，本书的核心主题就是以文本解读为根本，对马克思早期哲学思想的有代表性的重要文本进行解读，并以文本为根本依据，以期还原马克思的思想探索历程，进而获得对这一时期马克思哲学思想的完整把握和科学认识。

目 录
CONTENTS

第一章

主体性"自我意识"逻辑的初步建构：
青年马克思博士论文的思想导读

回顾青年马克思的整个思想探索历程，博士论文是一个极其重要的、不容忽视的经典文本。在中学时代的《青年在选择职业时的考虑》中，少年马克思就表达了他自己非常清晰的人生价值观："如果我们选择了最能为人类福利而劳动的职业，那么，重担就不能把我们压倒，因为这是为大家而献身；那时我们所感到的就不是可怜的、有限的、自私的乐趣，我们的幸福将属于千百万人，我们的事业将默默地，但是永恒发挥作用地存在下去，而面对我们的骨灰，高尚的人们将洒下热泪。"①马克思在普鲁士王国莱茵省的特利尔城接受中学教育和思想启蒙，开始自己对人生、对社会历史的最初探索。在那时的环境下，少年马克思从师长那里接受的是康德-费希特哲学。进入大学后，青年马克思开始思考现实问题，逐渐意识到没有哲学就无法前进，并在反思与批判中走向黑格尔哲学。转向黑格尔哲学，是青年马克思思想发展过程中的重大事件。马克思《给父亲的信》显示，他的这个转向经历了一个非常痛苦、

---

① 《马克思恩格斯全集》第40卷，北京：人民出版社，1982年，第7页。

艰难的历程。① 但正因为此，这种凸显自我意识的哲学使得马克思后来成为黑格尔哲学的一个信徒："我同我想避开的现代世界哲学的联系却越来越紧密了。"② 从黑格尔开始，用哲学来思考现实，成为哲学最基本的诉求，受此影响，要用哲学的方式来谈论社会现实，成为青年马克思在写作博士论文之前的主要理论倾向。

1836 年，马克思希望能够谋得一个大学执教的职位，决定在那里献身他钟爱的哲学事业。在他的朋友鲍威尔的帮助下，马克思希望能够获得波恩大学的编外讲师职位，但要获得这个职位前提是他必须取得博士学位，因此，从 1839 年开始，青年马克思在预备学位论文的过程中，以《关于伊壁鸠鲁哲学的笔记》为题作了七册摘录笔记。可以说，该《笔记》是青年马克思的哲学思维日益走向成熟的一个思想实验室，也是他孕育自我意识哲学形成的摇篮。《德谟克利特的自然哲学和伊壁鸠鲁的自然哲学的差别》是马克思为了申请哲学博士学位而在 1839 年下半年到 1841 年 3 月底期间写作的学术论文，1841 年 4 月 6 日，马克思把它寄给了耶拿大学哲学系，并于 10 天后，也就是 4 月 15 日，凭借这篇论文获得了耶拿大学的哲学博士学位。据麦克莱伦的《马克思传》记载说，马克思当年是在缺席博士论文评审现场情况下、不是通过答辩而取得博士学位的。③ 博士论文算是马克思哲学研究历程的一个起点。全文除了献辞、序言和附录外，主体内容共包括三个部分。在这篇论文中，怀着对人的自由与解放的关怀，青年马克思通过对德谟克利特的自然哲学与伊壁鸠鲁的自然哲学的比较性研究，强调了伊壁鸠鲁自然哲学

① 《马克思恩格斯全集》第 40 卷，北京：人民出版社，1982 年，第 14—17 页。
② 《马克思恩格斯全集》第 40 卷，北京：人民出版社，1982 年，第 16 页。
③ 参见［英］戴维·麦克莱伦：《马克思传》，王珍译，北京：中国人民大学出版社，2016 年，第 32 页。

的重要性和深刻性，凸显了主体自我意识的自由建构在古希腊哲学史上的重要性，并以此来进一步凸显青年黑格尔派的自我意识哲学之于当时德国哲学的重要性。德谟克利特的自然哲学由于局限于"实证科学"（经验知识）而致使"自我意识"的丢失与"自由"的逃离，因而难以达到真正的完善；伊壁鸠鲁却跳出了实证科学的藩篱而进入到"自我意识"的主观唯心主义立场上，最终获得了心灵的自由。与伊壁鸠鲁的自由观不同的是，马克思强调的是有外在约束与制约作用的"定在中的自由"。博士论文希望通过对自我的主体意识的强调，来实现对当时的不自由的专制制度进行变革的愿望。当然，在这篇论文里，他不是直接去强调自我意识的重要性，而是通过德谟克利特与伊壁鸠鲁两位哲学家思想的比较，来表明自己此时的立场和观点。正如马克思自己后来所强调的那样："这篇论文如果当初不是预定作为博士论文，那么它一方面可能会具有更加严格的科学形式，另一方面在某些叙述上也许会少一点学究气。但是，由于一些外在的原因，我只能让它以这种形式付印。"① 不管在写作风格上以怎样的方式表现出来，这一文本都是马克思早期思想发展阶段的重要构成部分。一直以来，人们对于青年马克思的博士论文的思想解读大多停留于政治哲学的层面上，认为青年马克思此时的思想是青年黑格尔派政治主张的典型代表，这样一来，博士论文常常被当作青年黑格尔派的一个政治斗争的"范本"来对待，并被视为马克思思想成长历程中一个很不成熟的政论性文章来认识。而且在很大程度上，许多人认为青年马克思在博士论文中所谈及的"自由""自我意识"等主题词都已经在他思想成熟时期被抛弃。然而，以历史唯物主义的立场和视角对博士论文进行深层解读，就会发现事实并非如

① 《马克思恩格斯全集》第 1 卷，北京：人民出版社，1995 年，第 10 页。

此。在博士论文中，青年马克思通过对德谟克利特与伊壁鸠鲁自然哲学思想的比较，其主要目的是为了说服和论证黑格尔思想中占据主导的主体的"自我意识"、主体的"自由精神"以及由此带来的对"必然性"规律的打破所导致的"偶然性"后果。对于"原子的偏斜运动"的特别强调，实际上就是对主体的一场关于"自我意识"的"偶然性"，也即对主体自我意识哲学维度的凸显与张扬，偶然性实现了对必然性的操控，实际上是涌动在青年马克思内心那种强烈的关注现实、强烈的渴望自由的价值取向的深层体现。在这样的研究背景下，对青年马克思博士论文进行科学定位应当坚持以下三个基本要点：第一，马克思的博士论文是马克思主义发展史上的著作，而不是西方哲学史意义上的著作。因此，我们需要通过对马克思的博士论文的研究，来理解马克思自己的思想内容。因为在西方哲学史上，研究西方哲学家如伊壁鸠鲁或德谟克利特的专家有很多，而绝非马克思。我们需要思考一个问题：此时的青年马克思为何要倾向于充满争议的伊壁鸠鲁？第二，从马克思整个思想发展的历程来看博士论文，青年马克思在这里凸显的主题思想是"自我意识"的表达方式而不是异化。换句话说，此时的他还没有获得对于异化思想的把握。因为，从根本上看，马克思是在接触到费尔巴哈之后，才获得了关于人的理论的概念。第三，通过对马克思博士论文对伊壁鸠鲁和德谟克利特思想的分析解读，我们不能由此认为此时青年马克思的思想与伊壁鸠鲁的思想大致是一致的。青年马克思之所以选择伊壁鸠鲁是为了通过对伊壁鸠鲁思想的解读而关注资本主义社会的现实，他正是借助于伊壁鸠鲁的思想而成长为一个唯物主义者。

一、"自我意识"哲学维度的凸显:以主观形式解读希腊哲学的重要性

我们知道,18 世纪末 19 世纪初,英法率先完成了工业革命,经济发展势头迅猛,而德国境内帮派林立,是一个封建格局并未完全破除的国家,普鲁士王国依然是封建专制的国家。这是青年马克思思想诞生的基本背景。著名哲学家科拉科夫斯基说,我们必须看到,马克思是一个德国人,这一点"并不像乍看起来那么平淡"。① 意思是说,这个背景不是一个可有可无、可以忽视的现实背景。抹去这个背景,谈论马克思思想起点的研究就会成为问题。作为一个德国古典哲学的忠实学徒,马克思思想的逻辑起点正是正统的德国哲学。擅长思辨的德国人,对宗教和道德的形而上学尤为感兴趣。费希特、康德、黑格尔等哲学大师的思想,无疑不断激荡并深深影响着青年马克思。作为哲学思想大师的忠实追随者,康德、费希特、谢林、黑格尔等都频频出现在青年马克思的书信、诗作和文章当中。在一篇叫作《黑格尔》的诗文中,马克思这样写道:"康德和费希特喜欢在太空遨游,寻找一个遥远的未知国度;而我只求能真正领悟在街头巷尾遇到的日常事物!"② 黑格尔高深的学问让青年马克思深深叹服和膜拜,因为面对黑格尔,"每个人都可以啜饮这智慧的玉液琼浆"。③ 不喜欢"太空遨游"的马克思,注定会关注那些发生在街头巷尾、人间百态的故事。如果不是这样的话,他就不会对德国现实问题给予如此强烈的关注,也不会对人们的苦难生活给予如此

---

① 〔波〕莱泽克·科拉科夫斯基:《马克思主义的主要流派》(第一卷),唐少杰,等译,哈尔滨:黑龙江大学出版社,2015 年,第 1 页。

② 《马克思恩格斯全集》第 1 卷,北京:人民出版社,1995 年,第 736 页。

③ 《马克思恩格斯全集》第 1 卷,北京:人民出版社,1995 年,第 735 页。

深切的同情。在黑格尔关注现实思想的指引下，马克思也开始关注现实，虽然他们关注现实的方式一开始就不相同。

在当时的德国大学里，黑格尔哲学是最为流行的，这种哲学强调逻辑与历史的完美统一，主张对逻辑体系的深入研究，认为哲学就是哲学史本身。黑格尔无疑成了青年马克思的思想导师。在此影响下，以希望哲学作为起点，马克思写作了这篇博士论文。面对黑格尔之前两千多年的欧洲哲学史，马克思为什么会以希腊晚期哲学中的伊壁鸠鲁哲学为基础来准备自己的学位论文呢？这是因为马克思深受黑格尔哲学的影响。黑格尔认为，哲学思想史不是思想和体系的任意连续，而是一个以客观理念为内容，有规律地内在联系着的认识过程。他把曾经存在过的各种哲学体系视为历史连续中必要的发展阶段，所以，任何一种哲学都只能理解为它那个时代的哲学。由此，黑格尔不仅为哲学史的发展提供了一条新线索和新的意义取向，而且在对许多哲学家进行分类和评价时都做出了与先前不同的判断。这种哲学史观无疑构成了青年马克思研究伊壁鸠鲁哲学的指南。在古希腊哲学史中，德谟克利特是第一个试图从事物内部来解释事物本质的哲学家，他认为事物内部有一种东西也就是"原子"，构成了事物的基础单位，原子是有体积和形状的，同时不同事物的原子与原子之间也有差异。而伊壁鸠鲁却不去关注原子的体积与形状，而是关注原子的重量。马克思据此指出："由于体积、形状、重力在伊壁鸠鲁那里是被结合在一起的，所以它们是原子本身所具有的差别。"[1] 显然，马克思此时已经清楚地看到，这两位在古希腊哲学界都颇有重要影响力的哲学家关注原子的重心是不一样的，德谟克利特关注原子与原子之间的外在差异，伊壁鸠鲁关注原子之间的内在差异，而导

---

[1] 《马克思恩格斯全集》第 1 卷，北京：人民出版社，1995 年，第 42 页。

致这种差异的原因在于二者的观念不同。也就是说，马克思博士论文凸显的一个主题思想就是"自我意识"，但是，自我意识思想的获得是通过对德谟克利特与伊壁鸠鲁的思想进行比较而获得的，包含着自我意识的原子，而这恰恰正是此时青年马克思所要赞扬的东西。青年马克思甚至认为，伊壁鸠鲁对于原子的阐释，"在政治领域里，那就是契约，在社会领域里，那就是友谊"。①

其实，马克思对这一矛盾的思考即寻求自我意识哲学出路的努力，离不开对黑格尔辩证法的理解；这个理解是一个逐渐清晰的过程，与青年马克思面临的思想背景和理论实践是一致的。通过研究青年马克思的生活环境，以及马克思参加过的为数不多的会议发言，以赛亚·柏林曾经在他的书中这样描述青年马克思："他的发言承载了过多的材料，并以一种单调和粗糙的方式被传达出来，其所激发出来的只能是听众对他的尊重，而非热情。他是一个理论家的品格，一个知识分子，直觉上避免与大众的直接接触……"②"单调和粗糙"的表达方式，以及不与大众直接接触的形象，客观上并不影响青年马克思的"理论家的品格"与"知识分子"形象。我们知道，中学时代的马克思由于深受德国的教育与思想启蒙的影响，所持有的进步世界观是人道主义、理性主义、民主主义与自由主义。到了大学之后，由于理想与现实之间的矛盾的对立，使得他对原来极其信奉的康德与费希特哲学逐渐产生了怀疑，而转向了自己原来所厌恶的黑格尔哲学，向现实发出了"我最神圣的东西已经毁了"③ 的绝望呐喊，心灵深处的危机终以青年马克思放弃理性主

---

① 《马克思恩格斯全集》第 1 卷，北京：人民出版社，1995 年，第 38 页。
② Isaiah Berlin, *Karl Marx*, *His life and environment*, Oxford University Press, 1939, p. 2.
③ 《马克思恩格斯全集》第 40 卷，北京：人民出版社，1982 年，第 14 页。

义哲学世界观而告结束："我从理想主义……转而向现实本身去寻求思想。"① 之后，青年马克思逐步成长为一名青年黑格尔分子，尽情地汲取着黑格尔哲学的营养。在黑格尔看来，任何哲学思想史都不是随意的和凌乱的，而是有着内在联系的、有规律的、以客观理念为中心的内容。在当时德国的思想界，希腊哲学的典型代表伊壁鸠鲁哲学、斯多葛哲学以及怀疑主义哲学比较盛行，然而这些思想被一些哲学史著作当作"感性享受的哲学家"，被视为一种登不上大雅之堂的、退化了的低级文化。黑格尔指出这些思想是对柏拉图与亚里士多德哲学的推进而非倒退，因为它张扬了个人的自由与自我意识，即"通过思维获得自我意识的自由"，② 因而是希腊哲学思想发展的独立阶段而不是哲学的倒退。深受黑格尔对伊壁鸠鲁哲学认识的影响，青年马克思悟到了黑格尔所强调的"原子偏斜"的含义，他指出："'原子偏离直线'是原子的规律，是原子的脉动，是原子的特殊的质，正因为如此，德谟克利特的学说才具有完全不同的性质，才不像伊壁鸠鲁哲学那样只是某一个时期的哲学。"③ 在这样的理论前提下，马克思把原子偏斜上升到普遍规律的必然性的高度来认识，并赋予了偏斜之于原子的特定含义："偏斜不是在空间一定的地点、一定的时间发生的，它不是感性的质，它是原子的灵魂。"④

正是在这样的思想背景和理论驱使下，1840 年下半年的七八月至1841 年 3 月，青年马克思完成了博士论文的写作。博士论文除了献辞、

---

① 《马克思恩格斯全集》第 40 卷，北京：人民出版社，1982 年，第 15 页。
② 黑格尔：《哲学史讲演录》第 3 卷，贺麟，王太庆，译，北京：商务印书馆，1959 年，第 146 页。
③ 《马克思恩格斯全集》第 40 卷，北京：人民出版社，1982 年，第 120 页。
④ 《马克思恩格斯全集》第 40 卷，北京：人民出版社，1982 年，第 122 页。

序言和附录外，共由三个主体性部分内容构成：第一部分由五章内容构成，主题是"德谟克利特的自然哲学和伊壁鸠鲁的自然哲学的一般差别"；第二部分也由五章内容构成，主题是"原子的偏斜运动"；第三部分是"附注"和"注释"，主题是对第一、第二部分注释的说明。博士论文的第一、二部分是全文的重点，其中的大量笔墨都是用来对比德谟克利特与伊壁鸠鲁哲学思想的。1841 年 4 月，青年马克思把这篇论文寄给了耶拿大学哲学系，并因此取得了耶拿大学的哲学博士学位。在序言部分，马克思斩钉截铁地说："关于这篇论文的对象没有任何先前的著作可供参考。"① 在这种情况下，青年马克思通过对古希腊两个重要哲学家德谟克利特与伊壁鸠鲁自然哲学思想的比较性阐释与解读，指出了其自然哲学思想之间的差异的根本问题在于对希腊哲学史的理解和定位问题。在这里，《关于伊壁鸠鲁哲学的笔记》中酝酿成型的自我意识哲学得到了完整的实现。② 对此，马克思解释说："虽然黑格尔大体上正确地规定了上述各个体系的一般特点，但是一方面，由于他的哲学史——一般说来哲学史只能从它开始——的令人惊讶的庞大和大胆的计划，使他不能深入研究个别细节；另一方面，黑格尔对于他主要称之为思辨的东西的观点，也妨碍了这位巨人般的思想家认识上述那些体系对于希腊哲学史和整个希腊精神的重大意义。这些体系是理解希腊哲学的真正历史的钥匙。"③

青年马克思认为，在当时的欧洲学术界，对于德谟克利特与伊壁鸠鲁之间的关系一直未能有一个科学、合理的理解，许多人错误地认为，德谟克利特与伊壁鸠鲁哲学之间的差异并不大，伊壁鸠鲁哲学其实就是

① 《马克思恩格斯全集》第 1 卷，北京：人民出版社，1995 年，第 10 页。
② 张一兵：《马克思哲学的历史原像》，北京：人民出版社，2009 年，第 86 页。
③ 《马克思恩格斯全集》第 1 卷，北京：人民出版社，1995 年，第 11 页。

德谟克利特的物理学与昔勒尼派的伦理学的混合物，因此简单地将德谟克利特的物理学与伊壁鸠鲁的物理学置于"同一化"的理论层面进行解读。即便是黑格尔，也无法准确把握伊壁鸠鲁哲学之于希腊哲学史的重要性。造成这一现象的根本原因在于，人们对于亚里士多德哲学之前的重要哲学家思想的解读，惯用的做法就是，往往只是从哲学内容的角度去解读亚里士多德哲学之前的思想家之于希腊哲学史内容的重要性，而放弃了从主观形式的视角进入，因而自然就不能正确地认识到亚里士多德以后的一些重要哲学流派，例如，伊壁鸠鲁学派所具有的重要意义。殊不知，放弃了主观形式的解读视角，就等于放弃了正确的理解伊壁鸠鲁学派的通道。

青年马克思指出，希腊哲学有着极为深厚的内容，其中主观形式也即绝对自由的"自我意识"构成了希腊哲学最重要的内容，因此，他果断地选择了主观形式的阐释视角，明确地确立了自我意识哲学之于希腊哲学史的重要性。作为一个典型的"青年黑格尔派"分子和一名激进的民主主义者，青年马克思的用意在于凸显青年黑格尔派的自我意识之于当时德国哲学的重要性。"青年黑格尔派"所极力主张的自由的自我意识，是"老年黑格尔派"所不具有的优秀品质，而这一优秀品质正是黑格尔哲学的精神内核和主体内容。即是说，青年马克思此时是想借助于对伊壁鸠鲁哲学的解读，来凸显"青年黑格尔派"在当时德国哲学界的重要地位。因为，纵观整个德国哲学史，"只是现在，伊壁鸠鲁派、斯多葛派和怀疑派体系为人理解的时代才算到来了"。① 青年马克思并没有一上来就直截了当地阐明自我意识哲学的重要性，而是通过对希腊哲学史上两位哲学家思想的比较，间接地、含蓄地凸显黑格尔哲

---

① 《马克思恩格斯全集》第 40 卷，北京：人民出版社，1982 年，第 286 页。

学的地位，并阐释了此时他所持有的政治主张和哲学观点："伊壁鸠鲁哲学的原则……是自我意识的绝对性和自由，尽管这个自我意识只是在个别性的形式上来理解的。"① 在青年马克思看来，伊壁鸠鲁哲学其实就是费尔巴哈在《未来哲学原理》中所说的那个能够把事物"翻译成为思想的事物"的人，② 只是这里的"思想"不是黑格尔语境下的客观性的思想，毋宁说，是指个体主观性的思想。

　　青年马克思对伊壁鸠鲁的"自由"思想如此推崇是有现实背景的。作为激进自由派的一分子，青年马克思所着重批判的是思想的不自由的现实本身。德国农民思想之所以不能从根本上获取自由，其根本原因就在于其思想的不自由，因此德国经济发展受到严重束缚。而思想的"观念化"运动在青年马克思看来是最彻底的走向自由的、克服实在的前提。因此，"体系为实现自己的欲望所鼓舞，就同他物发生紧张的关系。它的内在的自我满足和完整性被打破了。本来是内在之光的东西，变成转向外部的吞噬一切的火焰"。③ 但在接下来的思想发展中，马克思扬弃了这种主观唯心主义的哲学思想，转而致力于探索资本主义社会必然被"吞噬"的社会历史依据，正像他在 1859 年 2 月 1 日给约瑟夫·魏德迈的信中所说的，他的主要任务是"为我们的党取得科学上的胜利"。④ 而与此相呼应的正是历史唯物主义哲学。试想，如果马克思不对资本所具有的那种纯粹否定性力量进行批判性解读，那他在政治经济学维度上怎么可能去研究剩余价值及其所带来的资本主义经济危机

---

① 《马克思恩格斯全集》第 40 卷，北京：人民出版社，1982 年，第 241 页。
② ［德］路德维希·费尔巴哈：《费尔巴哈著作选集》（上），荣震华、李金山，译，北京：三联书店，1959 年，第 174 页。
③ 《马克思恩格斯选集》第 1 卷，北京：人民出版社，1995 年，第 75—76 页。
④ 《马克思恩格斯全集》第 29 卷，北京：人民出版社，1972 年，第 554 页。

的必然性呢？他在科学社会主义的维度上又怎么可能去研究工人阶级革命的必然胜利呢？显然，这种观点同样也是对马克思主义理论的三个组成部分之间的有机联系缺乏深入领悟的结果。

二、"感性直观"之于经验实证的优越：主体自我心灵自由的获得

其实，在写作博士论文之前的 1839 年，青年马克思就曾经在《关于伊壁鸠鲁哲学的笔记》中明确指出："古代世界起源于自然，起源于实体的东西。贬低和亵渎自然，实质上意味着同实体的、纯粹的生活决裂；新世界起源于精神，它可以轻易地从自身摆脱另一种东西，即自然。而反过来也是一样：在古代人那里是亵渎自然的东西，在近代的人看来是从盲目信仰束缚之下的一种解脱。"① 显然，在青年马克思看来，"古代世界"与"新世界"的分歧是极为明显的：前者占据主导的是"自然"，后者占据主导的是"精神"。无论是德谟克利特还是伊壁鸠鲁，他们都看到了"实证科学"（经验知识）的局限，但是不同的是，前者由于未能从"实证科学"的局限中跳出来，因而不得不承受着自身理论困境所带来的种种困扰，对事物的表象直观地理解的结果使自己最终走入了经验知识的死胡同，绝望地将自己的眼睛弄瞎；后者由于跳出了"实证科学"的思维圈子，最终回到了主观唯心主义"自我意识"哲学的立场上，巧妙地避开了"把自己对事物的想象放进了对事物的理解中"的错误做法，② 坚持让事物成为事物自身，让事物的真相真实地显现出来，因而可以在自己的生命结束之时轻松地洗个热水澡，喝点

---

① 《马克思恩格斯全集》第 40 卷，北京：人民出版社，1982 年，第 52 页。
② 唐正东：《马克思恩格斯哲学原著选读》，北京：北京师范大学出版社，2010 年，第 7 页。

醇酒，并叮嘱朋友们忠于哲学。① 在此，青年马克思仔细区分了伊壁鸠鲁的自由意识与德谟克利特的自由意识的不同，并以此反映出青年马克思自己的价值取向。从根本上说，伊壁鸠鲁哲学属于主观唯心主义哲学，是一种关于人的意识的哲学。伊壁鸠鲁判断的标准是他自己确立的那个主观的标准。而此时的马克思需要伊壁鸠鲁这样一个需要以自我意识为根本立足点和参照系的观念来表达自己的观点，也即外在的客观知识与内在的客观真理之间的关系。德谟克利特总是客观描述和认识那些外在的东西，而那些外在的东西与自我没有多大关系。

在博士论文的序言中，青年马克思借助对普罗米修斯的赞扬，来表达自己对于自我意识的肯定："哲学并不隐瞒这一点。普罗米修斯的自白：'总而言之，我痛恨所有的神'就是哲学自己的自白，是哲学自己的格言，表示它反对不承认人的自我意识是最高神性的一切天上的和地上的神。不应该有任何神同人的自我意识相并列。"② 借助于普罗米修斯的隐喻，马克思推崇黑格尔思想中高扬的自由意志。虽然伊壁鸠鲁是一个在希腊哲学界被研究得不太热烈的人物，但是，通过对古希腊两位哲学家的自然哲学思想进行比较研究之后，青年马克思认为，自我意识的缺乏和心灵的自由的缺失，是德谟克利特哲学囿于经验科学的致命性后果。虽然两位哲学家都强调原子对于现实世界的重要性，但是，和伊壁鸠鲁比较起来看，德谟克利特由于没有自我的主观判断和自我意识，即便他亲自走遍了半个世界，然而最终他仍然无法达到真正的完善，还把自己的眼睛戳瞎以希望获取真理；伊壁鸠鲁却有着自我判断，并在自我判断中获得了满足和幸福："德谟克利特把必然性看作现实的反思形

---

① 《马克思恩格斯全集》第 1 卷，北京：人民出版社，1995 年，第 67—71 页。
② 《马克思恩格斯全集》第 1 卷，北京：人民出版社，1995 年，第 12 页。

式……《论哲学家的见解》的作者关于这点说得更为详细：'在德谟克利特看来，必然性是命运，是法，是天意，是世界的创造者。物质的抗击、运动和撞击就是这种必然性的实体。'"① 而伊壁鸠鲁却认为，必然性是不存在的，通向自由的道路有很多种："在必然性中生活，是不幸的事，但是在必然性中生活，并不是一种必然性。通向自由的道路到处都敞开着，这种道路很多，它们是便捷易行的。因此，我们感谢上帝，因为在生活中谁也不会被束缚住。控制住必然性本身倒是许可的。"② 在青年马克思看来，要想获得心灵的自由，达到真正的完善，正确的途径是像伊壁鸠鲁那样果断地回归自我，坚持以"自我"的感官来看待和判断世界以及世界上的一切事物，忠实地献身于哲学，才是一个真正的哲学家的现实之选和明智之举。

青年马克思认为，伊壁鸠鲁坚持以主体的认识标准而不是客体的存在本身来认识"原子"、认识事物、认识世界是有说服力的，他对于自由、幸福和安乐的推崇，也是此时的青年马克思极为欣赏的。选择倾向于伊壁鸠鲁哲学对"感性直观"的强调而摈弃德谟克利特的"实证科学"的困顿，青年马克思此时呈现给我们面前的无疑是对主体的自我意识的凸显，是他主观唯心主义立场的真实表现。青年马克思认为，在古希腊哲学中，是伊壁鸠鲁直接地弘扬了感性的人挣脱必然性束缚的可能性，而德谟克利特就做不到这一点，因此，伊壁鸠鲁其实就是以自我意识哲学为核心的古希腊哲学的代表。但是需要看到的是，马克思在此追求的是自由的思想，而不是自由的人。马克思此时理论的支点直接走向了纯粹的思想，他认为身体是有惰性的，而人的思想可以实现彻底的

---

① 《马克思恩格斯全集》第 1 卷，北京：人民出版社，1995 年，第 25 页。
② 《马克思恩格斯全集》第 1 卷，北京：人民出版社，1995 年，第 26 页。

自由，唯心主义思想自然由此产生了。也就是说，青年马克思在价值取向上是站在伊壁鸠鲁立场上的，以褒扬伊壁鸠鲁哲学的自我意识的涌动，来表达他对自由心灵的向往，以及对当时德国不自由的专制制度的变革愿望。其实，这一观点一直延续到马克思后来的《论犹太人问题》中："自由是做任何不损害他人权利的事情的权利。"① "自由这一人权不是建立在人与人相结合的基础上，而是相反，建立在人与人相分隔的基础上。这一权利就是这种分隔的权利，是狭隘的、局限于自身的个人的权利。"② 这里，青年马克思所批判的对象是那些拥有私有财产的人的虚假的政治自由，与博士论文中对德国不自由的羁绊的批判方式是一致的。

三、"原子"个别性特征的显现："偶然性"对"必然性"的打破

从哲学角度审视事物的本质，历来就不是一件容易的事情。在古希腊哲学家用具体的物质形态例如"火""水""土""数字"等来看待世界统一性问题的时候，巴门尼德率先用"存在"来概括这种统一性，从而开启了西方的形而上学之路。这一思想无疑启迪了青年马克思。在青年马克思看来，德谟克利特眼中的原子，既是实体也是抽象。"原子"在空中有三种运动方式：直线式下落、偏离直线、与虚空相互排斥，而在伊壁鸠鲁看来，偏离直线的运动才是原子的真正状态。青年马克思指出，德谟克利特的根本问题在于，他局限于经验实证的思维圈子，无法绕过表象直观而以"感性直观"的方式进入到事物的内部，因而只是一味地关注着事物的"因果关系"，并将其视为对事物的现实

---

① 《马克思恩格斯全集》第 3 卷，北京：人民出版社，2002 年，第 183 页。
② 《马克思恩格斯全集》第 3 卷，北京：人民出版社，2002 年，第 183 页。

性存在状态的关注和思考。马克思指出："在德谟克利特看来，必然性是命运，是法，是天意，是世界的创造者。物质的抗击、运动和撞击就是这种必然性的实体。"① 这样一来，事物的"因果关系"就成为一种具有天然意味的"必然性"存在，对事物的现实性的理解就等同于对事物的"必然性"的理解。"正因为此，德谟克利特才会说，我发现一个新的因果联系比获得波斯国的王位还要高兴。"② 与此相对应的是，伊壁鸠鲁将自我的观念和意识置于比事物自身的状态更重要的地位，认为世界上的一切事物都是人的自我意识的存在，因而都具有"自为"的意味："在必然性中生活，是不幸的事，但是在必然性中生活，并不是一种必然性。通向自由的道路到处都敞开着，这种道路很多，它们是便捷易行的。因此，我们感谢上帝，因为在生活中谁也不会被束缚住。控制住必然性本身倒是许可的。"③ 因此，"原子"的存在本身就是人的"自为"意识的可能性的产物："这可能性在自然界的表现是原子，它在精神上的表现则为偶然和任意。"④ "原子的偏斜运动"所展现给我们的正是"原子"自身所具有的独立性和个别性，这其实就是"偶然性"或任意性精神的具体表现。青年马克思此时之所以会被伊壁鸠鲁的"原子偏斜运动"理论所强烈吸引，其中一个根本原因就在于，德谟克利特虽然也强调了"原子"的运动特性，但是却没有强调"原子"运动的"偏斜"特性，因为在青年马克思看来，"偏斜运动"与直线下落运动的含义是不同的。"偏斜运动"理论是伊壁鸠鲁学说的一个

---

① 《马克思恩格斯全集》第 1 卷，北京：人民出版社，1995 年，第 25 页。
② 唐正东：《马克思恩格斯哲学原著选读》，北京：北京师范大学出版社，2010 年，第 11 页。
③ 《马克思恩格斯全集》第 1 卷，北京：人民出版社，1995 年，第 26 页。
④ 《马克思恩格斯全集》第 40 卷，北京：人民出版社，1982 年，第 41 页。

基本概念，也是伊壁鸠鲁哲学所独有并贯穿于伊壁鸠鲁哲学始终的。伊壁鸠鲁是想通过偏斜运动来说明垂直下落运动是没有独立性的。也就是说，偏斜运动理论是伊壁鸠鲁拿来当作主体性、独立性来看待的。据此，马克思得出结论：时间是对空间的否定，真正的时间是自由运动（点）对整个循规蹈矩的线的否定，这也正是马克思所肯定的和赞赏的一种自由运动。请注意，这里的"空间"是指机械的、具体的空间。现代一些西方思想家们如列斐伏尔、哈维所热议的空间是对空间概念的拓展，它不是指亚里士多德意义上的空间，而主要是指"空间化"，是空间的一个现代"转向"。现代西方思想家们认为，空间的转向是对传统的本质决定论的一个突破，是多元线索突破一元决定论的结果。这里的"时间"是指主体的时间，也即亚里士多德意义上的时间，也是指物质运动的时间。因此，在这里，主体就是独立性的同义语。马克思就是希望通过这样一种纯粹的个别性（也即对物质性存在的克服）来取代所谓的规律性。这个"个别性"当然不是指纯粹个别性的物质，而是用概念来取代物质（"原子"）。马克思之所以如此看重"原子"的"偏斜运动"，就是因为"原子"代表着一种物质、空间的存在。"原子"的特性表现在思想上，它不是作为人的个性而存在，而是落在新的思想和概念上。

显然，与反对经验实证的认识方式一样，青年马克思在此仍然通过对伊壁鸠鲁的"偶然性"精神的肯定而反对德谟克利特的"必然性"理论，来表达他对个体的自我意识的欣赏和张扬。在此时的青年马克思看来，按照德谟克利特的必然性理论逻辑，每个人都处于"因果联系"的裹挟当中，无论是思想还是行动，都从根本上丧失了自由，沦为既定的命运的奴役。这对于伊壁鸠鲁来说，无论如何都是不能接受的，因此他将"生活在必然性中"的事实指认为一件"不幸的事情"。因为伊壁鸠鲁反对德谟克利特立足于事物的客观必然性事实的视角，他坚持将客观事物置于主体的自我意识和自我观念当中，自由地发挥自己的想象力。因此可以说，德谟克利特关心的是客体的"客观事实"，而伊壁鸠鲁关心的是主体的"自由想象"，二者一个立足于客体维度，另一个立足于主体维度，得出的结论不同也就不足为奇了。

四、主体建构逻辑的不足：历史唯物主义的缺席及其理论后果

作为马克思思想的早期发展阶段的反映，博士论文成为他关于主体性"自我意识"逻辑初步建构的标志，这已经初步展现出了马克思在哲学上的学术造诣。正是从博士论文所凸显的自由的"自我意识"开始，马克思在此后的思想历程中开始关注人，逐渐成长为《1844 年经济学哲学手稿》时期的人本主义者，再从关注人的异化问题转向《德意志意识形态》时期关注社会的物质生产问题，继而到《哲学的贫困》中对资本主义社会物质生产规律的研究，逐步成长到研究社会物质生产中诸因素之间的关系，在此基础上才成长到《资本论》时期对观念拜物教规律的研究。显然，仅仅完成了主体性自我意识的逻辑建构是远远不够的，毋宁说，要想获得对资本主义社会的深刻认识，马克思必然要不断地提升自己的理论研究水平和思想造诣，这样才能最终在完整的意义上形成一种科学的理论。

通过博士论文的写作，青年马克思关于主体的自我意识思想得以实现和表达。我们看到，这里核心的思想是人的意识与观念的凸显。但是，需要指出的是，马克思此时自我意识的自由只是"定在中的自由"，而不是其他青年黑格尔派眼中的拘囿于费希特眼中的自由。马克

思对此明确指出："如果把那只在抽象的普遍性的形式下表现其自身的自我意识提升为绝对原理，那么就会为迷信的和不自由的神秘主义大开方便之门。"① 显然，在青年马克思眼里，自由是有着客观外在制约性和限制性的自由，自由是感性的和经验的个别的自由，自由是积极的自由而非消极的自由。马克思指出伊壁鸠鲁自由观的缺陷在于："抽象的个别性是脱离定在的自由，而不是在定在中的自由。它不能在定在之光中发亮。"②"这说明他不满足于抽象个人的观点，已开始把视线转移到感性具体的个人身上。"③ 马克思从伊壁鸠鲁的原子偏斜运动中，提出并赞赏"定在中的自由"，是博士论文一个极其重要的思想成长点。之后，青年马克思正是通过对抽象的自我意识的抛弃，从而逐步走向了费尔巴哈的人本学唯物主义。马克思后来之所以坚持一种深入"现实生活过程"的哲学路向，这个时候对于"定在"的看重是一个重要的思想先导。因此，尽管青年马克思借助于伊壁鸠鲁的原子理论来表达自己关于人的自由的自我意识的推崇，但从根本上看，他自己关于自由的思想并没有与伊壁鸠鲁的思想保持一致。也就是说，他是试图摆脱黑格尔的"醉醺醺的思辨"的纯粹思想的。"伊壁鸠鲁的不朽功绩和伟大，在于他并不把状态看得比观念更重要，也不努力维护它们"，④ 这实际上是对自我意识哲学的认同。阿尔都塞在他晚年提出的一个重要范畴——"偶然相遇的唯物主义"（Aleatory Materialism）的论述中，也对马克思博士论文中重点研究的伊壁鸠鲁进行了研究。阿尔都塞与青年马克思的指认大体一致，认为伊壁鸠鲁的原子偏移学说，构成了"一切可能的

---

① 《马克思恩格斯全集》第40卷，北京：人民出版社，1982年，第242页。
② 《马克思恩格斯全集》第40卷，北京：人民出版社，1982年，第228页。
③ 孙伯鍨：《探索者道路的探索》，合肥：安徽人民出版社，1985年，第83页。
④ 《马克思恩格斯全集》第40卷，北京：人民出版社，1982年，第41页。

偶然唯物主义哲学的模子"。阿尔都塞认为，"偶然相遇的唯物主义"可以从伊壁鸠鲁那里找到理论支撑："世界（诸世界的无限性）从偏斜一产生就开始存在。与无限的平行下落的原子的'原子之雨'（绝对虚空中的雨）相比，那是微乎其微的'偏斜'。这种偏斜是一种'几乎微不足道的东西'，一种微不足道的东西，无法预先知道它会在何时、在何地产生，但它却产生了诸世界。"① 从这段话可以看出，阿尔都塞与马克思对伊壁鸠鲁的研究大体一致。他们认为，伊壁鸠鲁的原子偏移运动理论，是对决定论的超越，"如果原子不是经常发生偏斜，就不会有原子的冲击、原子的碰撞，因而世界永远也不会创造出来"。② 意思是说，原子的偏斜一定会带来偶然性的产生，这种偶然性会压倒必然性。正是"偶然相遇的唯物主义"，世界才不断被创造出来。

在博士论文里，还需要我们进一步思考的两个关键性问题应该是：第一，为什么青年马克思认为直线运动中个别性丧失了？抑或是，在何种意义上个体是没有独立性的？究其原因，是因为青年马克思是立足于自我个体意识的个体角度而非社会历史发展的高低来谈论自由的。在青年马克思看来，直线运动中个体是没有自由的，这无疑是基于纯粹的个人主义、个性角度来谈论的。直接从伊壁鸠鲁的原子论入手，注定他此时是无法真正理解原子的本质的。殊不知，在西方语境中，Individual的原意是"不可分割"的意思，它是蕴含社会的观念和意识在内的一个范畴。个人的自由状况一定会受到社会各因素的影响。第二，此时的青年马克思还无法科学地认识到，历史主体与行为主体之间的关系究竟是什么。即是说，对于"subject"与"be subjected to"的关系，马克

---

① 参见 Louis Althusser, Philosophy of the Encounter: Late Writings, edited by Francois Matheron and translated by G. M. Goshgarian, London: Verso, 2006.

② 《马克思恩格斯全集》第 1 卷，北京：人民出版社，1995 年，第 36 页。

思此时还未能给出科学的、准确的答案。在布鲁诺·鲍威尔看来，行为主体或行动主体是优先于历史主体的，因为人的自我意识是第一位的，没有自由的个体意识，社会的发展进步就失去了载体。作为青年黑格尔派的一分子，青年马克思对鲍威尔的思想极为推崇。在他看来，人的自由的实质就在于不断地突破必然性的束缚，进而获取自由的自我意识，并最终在现实中击破各种枷锁与羁绊，最终获取真正的自由与解放。

　　统揽马克思整个思想成长历程，我们认为，青年马克思的博士论文虽然在他的思想成长过程中起了非常重要的作用，但同时也存在着不容忽视的矛盾，留下了亟待思考的诸多理论问题。它启示我们，如果我们撇开社会历史自身的发展规律，忽视一定的、具体的、现实的社会背景，去抽象地谈论自由，仅仅立足于人的主体自由想象的"自我意识"维度，自然就会得出关于自然和社会发展的"偶然性"的结论。因为作为思维的主体对象也即人的差异是客观的，从差异着的视角出发，因而不可能得出千篇一律的"必然性"结果。但是，是不是有了自由的"自我意识"，人的自由王国就会直接来到我们身边？显然不是。历史唯物主义告诉我们，要想获得对自由的正确认识，就必须借助于历史唯物主义对社会具体生产方式进行科学分析，以及从现实社会生产力与生产关系的矛盾运动中去寻求答案。显然，此时的马克思还没有到达历史唯物主义的高度。尽管在博士论文里，青年马克思也谈论了"物质生产"与"实践"等概念，但是他并没有立足于政治经济学的角度来谈论，而是从抽象出发来看待的。从这一意义上可以说，1844年写作经济学哲学手稿时期的马克思是对博士论文时期作为主观唯心主义的马克思的超越。但是，这里所谓的超越主要是指马克思自身思想成长历程中的方法论的超越。我们切不可掉入阿尔都塞"认识论断裂"理论的泥潭当中去。阿尔都塞的"认识论断裂"来源于巴什拉的"科学的认识论断裂"理论，阿尔都塞所指认的马克思思想的断裂主要是指马克思思想发展历程中的"概念群"的认识论断裂，而不是传统意义上的那种认为马克思是对之前自我认识对象的抛弃。所谓"认识论断裂"，主要是指马克思认识范畴意义的认识论断裂，而不是一般意义上对先前自我认识对象的抛弃。纵观马克思思想的发展历程，可以发现，他并非一直在抛弃自己之前的认识对象，而是用一种更加科学、更加深入的方式去认识事物本身。或者说，马克思后来并非不研究观念和意识了，而是在一个更加崭新的理论层面上来研究观念。换句话说，马克思后来并没有抛弃观念本身，而是在一个更加深入、透彻的层面上来观照观念，并发现社会生活中除了观念外还有其他的东西客观存在着。例如，马克思在《德意志意识形态》中，还对"观念形态"与"观念形式"进行了区分；而在后来的《资本论》中，马克思是将观念、观念拜物教等概念放入到社会经济生活的现实当中来剖析和认识的，并站在历史唯物主义的高度来谈论观念拜物教的消除路径问题。显然，写作《资本论》时马克思对观念的认识水平和写作博士论文时期对观念的认识水平是不同的。在写作《资本论》时期，他不是站在主观唯心主义而是立足于历史唯物主义的基本立场，来展开对观念拜物教的深层批判。马克思指出，在社会经济生活内在矛盾尚未激化到一定程度的时候，在社会矛盾处于缓和期的时候，工人会暂时丧失革命斗志，成为"挣工资的人"；然而，一旦经济危机爆发，工人必定会站起来，既反对拜物教的经济形式，又反对拜物教的观念形式。这正是当代思想家们的表面上看起来很有道理的缜密的理论论述，其深层次的思维漏洞之所在。他们所论说的"革命"的基本语境都是处于经济发展平和甚至繁荣时期，而绝非经济危机的爆发期。若客体维度上没有可供利用的改变世界的思想资源时，那么革命一定是处于蛰伏时期的，或者说，革命的爆发还不具备必然性、客观性与现实性，爆发革命的时机尚未到来。资本主义社会之所以必然会被推翻是因为它不能摆脱自身所固有的矛盾性特征的缘故。后来的马克思之所以能够超越青年黑格尔派主要在于他看到了鲍威尔的行动策略有问题，而不是行动本身有问题。唯心主义的根本问题在于其忽视了观念的对象在社会经济生活中的内在关系问题，而将观念当作一个孤立的事物来看待。作为那个时代的一员，马克思的"先验"理论背景首先是古典哲学，其集大成者黑格尔的哲学存在着体系与方法之间的对立。"这样做时他们忘记了，黑格尔对于他的体系具有直接的、实质的关系，而他们对黑格尔的体系却只有反映的关系。"①

因此，立足于这一角度来认识马克思的博士论文，就会发现，马克思后来思想的发展并没有抛弃博士论文中的研究对象，而是以一种新的方法即历史唯物主义的世界观和方法论来深入研究他博士论文时期的认识对象。如果我们仅仅立足于自我主体意识的角度来认识"必然性"，那么这个时候的必然性一定是压制人的自由的；如果站在社会历史发展的客体的角度来认识必然性，那么必然性就表现为关于历史社会发展的主体与客体之矛盾运动的真实反映。任何主体的意识都不是凭空产生的，仅仅拘囿于从主体自由的视角来解读自由的思路一定是有问题的，因而是站不住脚的。后来马克思反对经验主义和历史唯心主义，将资本视为一个过程性的关系，是社会关系创造财富的过程，也即社会内在矛盾不断发展的过程，是生产关系的矛盾运动过程。在资本主义社会里，所有的生产关系都是以物、人的关系表现出来，物、人都承载着社会的

---

① 《马克思恩格斯全集》第40卷，北京：人民出版社，1982年，第257页。

生产关系，生产关系的矛盾不断发展即为现实的发展。如果把物、人放回到历史过程当中，就会发现社会生产关系的存在。任何政治都是同这个社会的经济、文化紧密联系在一起的，是社会历史发展的经济因素、政治因素、文化因素等错综复杂联系在一起的一种真实需要，以及这一需要的客观的、现实的反映。也就是说，政治从来都不是孤立的存在，所有的政治都是经济、政治、文化等的综合表现和客观需要。显然，这一重要的思想在博士论文时期并没有被看到。也正因为此，我们才说，博士论文虽然建构起了主体性的"自我意识"，但是距离历史唯物主义的世界观与方法论还是有较远的一段距离的。博士论文期间，马克思哲学的主题是一种主体形而上学的伦理批判学说。

第二章

一般唯物主义理论的初步建构：《黑格尔法哲学批判》及其"导言"的深层解读

如果说 19 世纪是革命的世纪，那么巴黎无疑则是这个革命世纪的中心。在这个革命中心，革命者不断酝酿、生产着自己的理论。新兴的资产阶级自诞生之日起，就遭遇到了各种无情的批判。蒲鲁东的"财产即盗窃"理论、巴枯宁的无政府主义以及魏特林的思想不断地碰撞、交织在一起。就在这个时期，两个激进但同时又冷静的年轻人马克思和恩格斯来到了巴黎，开启了一段新的人生，也催生了一段新的革命批判理论的诞生。

《黑格尔法哲学批判》及其"导言"完成于 1843 年，这其实是马克思的一部学习笔记，但是在马克思哲学发展史上具有十分重要的地位。马克思从撰写博士论文的时候就已经养成了记笔记的好习惯，所以我们现在看到的马克思的文献一般都是由两个部分构成的：一部分是马克思的摘录笔记，另一部分是他根据研究笔记进行研究的成果。从写作时间来看，《黑格尔法哲学批判》在是马克思辞去《莱茵报》主编之后，还未开始《德法年鉴》的这个时期写的。这段时间里，马克思对一大批政治哲学家颇感兴趣，并且对费尔巴哈的人本主义有着极大的热情，因此，在这部读书笔记的很多地方，马克思都是用费尔巴哈批评黑格尔的方式来批评黑格尔，其中一些方式不免简单、粗暴。我们知道，黑格尔晚年写作了一部非常重要的著作：《法哲学原理》，其核心探讨的是法权问题，以及理想化的人伦关系问题，黑格尔重点研究了"伦理法"的基本内容，指出伦理和道德有着不同的内容。在现代社会里，市民社会、国家以及家庭构筑起了一个人类生活共同体，这个共同体形成了一个伦理的世界，在这个世界里，人与人之间的行为准则，既不是主观上的道德规定，也不是抽象的法律的规定，而是由人的主观行为构筑同时又超越人的主观意愿的东西，这是伦理法的一个基石。黑格尔的法哲学是围绕着国家、家庭和市民社会而展开的，他的核心就是希望在这个由家庭和市民社会自发构成的社会之上，构筑起一个国家的理念来。这个理想的理念可以解决家庭和市民社会中出现的但却无法解决的矛盾。也就是说，国家所体现的法的理念，就是意志自由的理念。抽象法、道德法与伦理法构成了黑格尔法哲学的三个重要部分。

从当前的研究成果来看，青年马克思的这部经典著作在国内外学术界还未引起足够的重视，在国内有些学者编选的马克思经典原著中甚至还未编入此篇，这种做法显然与这部著作的重要性是不相称的。马克思的《黑格尔法哲学批判》及其"导言"是马克思对黑格尔思辨唯心主义的理性主义国家学说进行批判以及正面阐述自己一般唯物主义观点的一个标志性范本，它是马克思早期著作的一个典型代表。在这里，马克思以法权唯物主义和人本学唯物主义的视角进入，对黑格尔关于家庭和市民社会与政治国家之间的关系给予了猛烈的批判，认为是社会历史的发展促成了国家政治生活与市民社会的分离，因此，不是政治国家决定家庭和市民社会，相反，是家庭和市民社会决定政治国家。这个命题正是从写作《黑格尔法哲学批判》到《克罗茨纳赫笔记》期间,马克思所痴迷的颠倒黑格尔的一个命题。市民社会是现实的,而国家是理念的。在此基础上,马克思提出了"人的根本就是人本身""人是人的最高本质"等具有浓厚人本学唯物主义意味的哲学观点。《黑格尔法哲学批判》及其"导言"其实就是马克思一步步向历史唯物主义靠近的一个必要的理论前奏的具体表现。

在理解这部著作之前,我们还是需要追问和思考一个被追问了无数次但是依然含糊不清的问题:历史唯物主义究竟是经验层面/一般层面的历史唯物主义还是反思层面的历史唯物主义?过去理论界往往将历史唯物主义理解为经验层面/一般层面的历史唯物主义。而且,在很大程度上,受中国当时的政治形势的影响,哲学界经常将哲学简单地划分为两个泾渭分明、界限清晰的唯物主义哲学与唯心主义哲学,而无法从根本上区分开来什么是经验唯物主义与历史唯物主义,甚至连经验唯物主义或一般唯物主义的概念都不存在,从而将哲学简单化为唯物主义与唯心主义的斗争。在理论层面上,惯有的思维模式是,费尔巴哈才是真正的唯物主义者,所有唯心主义哲学都是经验层面的东西。殊不知,这是一种过于简单的、粗浅的认识。在这个文本中,马克思以自己在《莱茵报》的遭遇为基础,开始对他之前所信奉的思想产生怀疑,并在此基础上提出了"人的根本就是人本身""人是人的最高本质"等重要理论观点。通过对黑格尔客观唯心主义也即理性主义国家观的批判,青年马克思开始转到了费尔巴哈的唯物主义立场上。

一、"苦恼的疑问"与阅读费尔巴哈:对黑格尔唯心主义方法论批判的理论基础

我们知道,马克思与黑格尔之间的关系问题一直以来都是学术界关

注的热点问题。而"物质利益"问题之所以是马克思思想成长过程中的一个非常重要的"事件"，是因为它是马克思自身思想成长过程中一个极为重要的标示，也是青年马克思"第一次遇到要对所谓物质利益发表意见的难事"，① 是作为"黑格尔这位伟大导师的学生""一个地道的黑格尔分子"的马克思在内心深处实现了一个重大"格式塔"的转换、继而开始告别黑格尔的一个重大"事件"而出现的，因而在马克思的思想史中占据着极其重要的理论地位。1869 年，恩格斯写的关于马克思的传记中曾经这样写道："对莱茵省会议的辩论的批评，迫使马克思着手研究有关物质利益的问题，在这方面他获得了一些无论法学或者哲学都不曾提供的新观点。马克思从黑格尔的法哲学出发，结果得出这样一种见解：要获得理解人类发展过程的钥匙，不应当到黑格尔描绘成'大厦之顶'的国家去寻找，而应当到黑格尔所那样蔑视的'市民社会'中去寻找。但关于市民社会的科学，也就是政治经济学，而当时要切实地研究这门科学，在德国是不可能的，只有在英国或法国才可能。"② 从这里可以看出，"物质利益难题"贯穿了青年马克思思想转变的始终。青年马克思看到了现实中的利益原则与自己之前理解的利益原则发生了冲突。虽然此时他与黑格尔对市民社会里的物欲横行与异化现象的批判态度相似，但是视角和思维方式却是不同的。

让我们首先看看马克思青少年时期的心路历程。20 世纪 50—60 年代，法国马克思主义者科尔纽在《马克思恩格斯传》中写道："卡尔·马克思最初的精神方向决定于他的生活环境，决定于他父亲的理性主义、宗教上和政治上的自由主义，决定于他的几位具有民主思想的老师

---

① 《马克思恩格斯文集》第 2 卷，北京：人民出版社，2009 年，第 588 页。
② 《马克思恩格斯全集》第 16 卷，北京：人民出版社，1964 年，第 409 页。

的影响。"① 科尔纽的研究成果得到了同时代其他研究者和传记作家的普遍认同。② 中学时代,对马克思影响最大的人物是他的父亲老卡尔·马克思、中学时代的校长兼历史老师维滕巴赫以及他未来的岳父威斯特华伦男爵。③ 中学毕业时,青年马克思已经接受了系统的宗教教育:"他对基督教教义和训诫的认识相当明确,并能加以论证;对基督教会的历史也有一定程度的了解。"④ 因此,理性主义道德神学是马克思中学时代哲学世界观的最根本的理论底色。然而,当"现实生活"开始进入马克思的视野之后,"唯心主义所固有的""现实的东西和应有的东西直接的对立"立刻开始呈现,而理性主义哲学世界观自身的诸多缺陷也就随之浮出水面。"哲学,尤其是德国哲学,爱好宁静孤寂,追求体系的完满,喜欢冷静的自我审视;所有这些,一开始就使哲学同报纸那种反应敏捷、纵论时事、仅仅热衷于新闻报道的性质形成鲜明对照。"⑤ 显然,这是青年马克思 1841—1842 年生活状态的真实写照。在拿到哲学博士学位之后,马克思开始给《莱茵报》写稿。在他心里,德国古典哲学的表达方式是矛盾的:虽然喜欢冷静的自我审视,但是却热衷于追求体系的完满;虽然比报纸的报道方式深刻,但是却像一个"巫师":"哲学,从其体系的发展来看,不是通俗易懂的;它在自身内部进行的隐秘活动在普通人看来是一种超出常规的、不切实际的行为;就像一个巫师,煞有介事地念着咒语,谁也不懂得他在念叨什么。"⑥

---

① [法]科尔纽:《马克思恩格斯传》第 1 卷,刘丕坤,等译,北京:三联书店,1963年,第 58 页。
② 参见张一兵:《马克思哲学的历史原像》,北京:人民出版社,2009 年,第 55 页。
③ 参见张一兵:《马克思哲学的历史原像》,北京:人民出版社,2009 年,第 55 页。
④ 《马克思恩格斯选集》第 1 卷,北京:人民出版社,1995 年,第 933 页。
⑤ 《马克思恩格斯全集》第 1 卷,北京:人民出版社,1995 年,第 219 页。
⑥ 《马克思恩格斯全集》第 1 卷,北京:人民出版社,1995 年,第 219 页。

这段文字，历来被当作青年马克思批评德国古典哲学囿于概念、体系而脱离现实的严厉批评之词。沉浸于构造体系、建构概念的哲学家，在当时德国最为突出的就是康德、费希特、黑格尔等哲学家了。当马克思第一次感到"全部体系的虚假性"时，他首先怀疑自己对康德－费希特哲学本身的理解是否正确。然而当他重新研究康德－费希特哲学并按照它们的要求进行新的形而上学体系建构时，他再一次发现自己的努力又白费了！① 这致使马克思最后自己承认，自己与康德－费希特之间的距离开始产生："帷幕降下来了，我最神圣的东西已经毁了！"② 于是，青年马克思正式宣布："我从理性主义……转而向现实本身去寻求思想。"③这个宣布，在青年马克思的思想转变过程中，起了至关重要的作用。

恩格斯在马克思墓前的讲话中指出，马克思首先是个革命家。我们认为，马克思注定是一个不同于德国古典哲学家的思想家，因为他始终以"革命者"的身份来进行火热的战斗。这不仅得益于马克思自身具有的激进的个性特征，更重要的是由于德国的社会现实。对于19世纪的德国来说，德国人的整个世俗生活就是宗教生活本身。因此，要想改变德国，宗教批判必定是一个绕不过去的话题。诗人海涅曾经给予德国最伟大的宗教改革家马丁·路德以非常高的评价："这个马丁·路德却不仅给我们行动的自由，而且也给我们行动的手段，这就是说，他给精神一个肉体。他也给思想一种语言。他创造了德语。"④ 黑格尔在1807年的《精神现象学》中明确提出"上帝死了"，我们可以用理性来取代

---

① 《马克思恩格斯全集》第40卷，北京：人民出版社，1982年，第13页。
② 《马克思恩格斯全集》第40卷，北京：人民出版社，1982年，第14页。
③ 《马克思恩格斯全集》第40卷，北京：人民出版社，1982年，第15页。
④ ［德］亨利希·海涅：《论德国宗教和哲学的历史》，海安译，北京：商务印书馆，1974年，第45页。

之。告别康德-费希特哲学之后，青年马克思开始转向黑格尔哲学，无疑，这对马克思一生来说是一个具有意义深远的事件。虽然这一转变经历了一个非常痛苦、艰难的历程，但却意味着马克思在内心找到了"新的神"。① 在黑格尔的学生甘斯的帮助下，马克思悉心阅读了黑格尔的全部著作，并开始与青年黑格尔派的博士俱乐部发生接触。② 此后在与博士俱乐部成员的交往和争论过程中，马克思逐渐成为"现代世界哲学"即黑格尔哲学的一个忠实信徒。作为一个狂热的"青年黑格尔分子"，马克思曾经对黑格尔崇拜有加，甚至如痴如醉。他认真阅读了黑格尔的《哲学史讲演录》，写了七册《关于伊壁鸠鲁哲学的笔记》，并在此基础上完成了博士论文《德谟克利特的自然哲学和伊壁鸠鲁的自然哲学的差别》，确立起了自我意识哲学的世界观，获得了耶鲁大学的博士文凭。这时的青年马克思意气风发，打算将自己的哲学理念投身到火热的社会生活实践当中去，在真实的生活当中实现自己立志要改造世界的伟大使命。显然，在马克思的内心深处，"能够干预生活本身"的实践工作要比"从事抽象真理的研究的职业"更能够达到这一目的："他倒因为果，倒果为因，把决定性的因素变为被决定的因素，把被决定的因素变为决定性的因素。"③ "理念变成了独立的主体，而家庭和市民社会对国家的现实关系变成了理念所具有想象的内部活动。实际上，家庭和市民社会是国家的前提，它们才是真正的活动者；而思辨的思维却把这一切头足倒置。"④ 其实，从马克思整个思想发展的历程来看，青年时期的马克思曾与黑格尔一样，相信国家是理性的表现，"凡是政

---

① 《马克思恩格斯全集》第40卷，北京：人民出版社，1982年，第14页。
② 《马克思恩格斯全集》第40卷，北京：人民出版社，1982年，第16页。
③ 《马克思恩格斯全集》第1卷，北京：人民出版社，1956年，第369页。
④ 《马克思恩格斯选集》第1卷，北京：人民出版社，1995年，第250—251页。

府的命令都是真理……政府的理智是国家的唯一理性"。① 深受黑格尔理性主义国家观的影响，马克思把改革国家的任务重新交给了国家本身，他与黑格尔的差别只是在于对国家的性质的认识不同。既然国家是建立在理性基础之上的，那么马克思就相信普鲁士这个基督教国家能够转化为一个理性国家。也就是说，在正式进入《莱茵报》之前，马克思所写的政论文章在国家观上依旧是黑格尔式的，充满了对普鲁士国家不切实际的幻想。在黑格尔理性主义国家观中，青年马克思"寄托了他对社会改造的理想与希望。他从黑格尔的观点出发，把国家看作道德理性的最高实现，是调节社会发展的决定力量。他深信社会问题的解决归根到底有赖于对国家和法律所实行的改革"。② 也就是说，因为深受康德、非系统和谢林哲学的影响，马克思一开始对具体的法规不感兴趣，反而对法的形而上学的体系建构比较在意；后来通过对法律法规的深入研究，马克思逐渐认识到，那些脱离现实的法的形而上学体系，就成为一种玄想，甚至是虚假的。正是在这种情况下，马克思开始重新阅读黑格尔："不过有个明确的目的，这就是要证实精神本性也和肉体本性一样是必要的、具体的，并且具有同样的严格形式；我不想再练剑术，而只想把真正的珍珠拿到阳光中来。"③ 显然，这时马克思对于黑格尔的法哲学体系开始产生不满，希望看到阳光中的"真正的珍珠"。因为比较起来看，这是一项比"练剑术"更为重要、更为紧迫的事情。正是在这种心理下，马克思给自己父亲的一封信里这样写道："彼此完全分离的科学和艺术在这里在一定程度上结合起来了。我这个不知疲倦

---

① ［德］黑格尔：《法哲学原理》，范扬、张企泰，译，北京：商务印书馆，1961 年，第 9 页。

② 孙伯鍨：《探索者道路的探索》，南京：南京大学出版社，2002 年，第 96 页。

③ 《马克思恩格斯全集》第 40 卷，北京：人民出版社，1982 年，第 15 页。

的旅行者着手通过概念本身、宗教、自然、历史这些神性的表现从哲学上辩证地揭示神性。我最后的命题原来是黑格尔体系的开端,而且由于写这部著作需要我对自然科学、谢林、历史作某种程度的了解,我费了很多脑筋,而且写得非常〔……〕(因为它本身应当是一部新逻辑学),连我自己现在也几乎想不起它的思路了:这部著作,这个在月光下抚养大的我的可爱的孩子,像欺诈的海妖一样,把我诱入敌人的怀抱。由于烦恼,我有几天完全不能够思考问题,就像狂人一样在'冲洗灵魂,冲淡茶水'的肮脏的施普雷河水旁的花园里乱跑,我甚至和我的房东一块去打猎,然后又跑到柏林去,想拥抱每一个遇见的人。"① 这时,在马克思的心里,纯粹的哲学概念以及与现实无关的形而上学哲学体系,渐渐地快要从他的内心消失了。但是,有一点可以肯定,那就是马克思汲取了黑格尔哲学的精华,在"什么是哲学的特质"这个重要问题上是受益于黑格尔的思想的:"哲学就其性质来说,从未打算把禁欲主义的教士长袍换成报纸的轻便服装。然而,哲学家并不像蘑菇那样是从地里冒出来的,他们是自己的时代、自己的人民的产物,人民的最美好、最珍贵、最隐蔽的精髓都汇集在哲学思想里。正是那种用工人的双手建筑铁路的精神,在哲学家的头脑中建立哲学体系。哲学不是在世界之外,就如同人脑虽然不在胃里,但也不在人体之外一样。当然,哲学在用双脚立地以前,先是用头脑立于世界的;而人类的其他许多领域在想到究竟是'头脑'也属于这个世界,还是这个世界是头脑的世界以前,早就用双脚扎根大地,并用双手采摘世界的果实了。"② 这段话应该是青年马克思对黑格尔那句"每一个人都是他那时代的产儿,哲学

---

① 《马克思恩格斯全集》第40卷,北京:人民出版社,1982年,第15页。
② 《马克思恩格斯全集》第1卷,北京:人民出版社,1995年,第219—220页。

也是这样。它是被把握在思想中的它的时代"的自我阐释和自我理解。青年黑格尔派的代表人物卢格据此断言，黑格尔是一语道破哲学天机的人；青年马克思受黑格尔启发，认识到哲学与现实世界的关系是非常密切的，二者是"头脑"和"身体"的关系。哲学不是喃喃自语和玄思妙想，而是扎根于现实大地的时代精神。

　　紧接着，在马克思对于黑格尔君主问题的讨论中，也旗帜鲜明地指出了黑格尔试图用观念来说明现实的错误思维："说人一定是肉体出生的，这个通过肉体的出生而有的存在会成为社会的人等等，直到成为国家公民；说人是通过他自己的出生而成为他现在这个样子，这种看法是非常粗浅的。但是，说国家观念是直接生出来的，这种观念通过君王的出生而生出自己并且成为经验的存在，这种说法就颇为深奥，令人惊异了。"① 在黑格尔眼中，君主是国家理念的现实体现，君主的肉体只是为了凸显国家的理念，他的身躯是神圣不朽的。在这种情况下，马克思直接指出了黑格尔的问题所在："黑格尔从国家出发，把人变成主体化的国家。民主制从人出发，把国家变成客体化的人，正如同不是宗教创造人，而是人创造宗教一样，不是国家制度创造人民，而是人民创造国家制度。"② 黑格尔之所以把君王看作是不朽的肉身，是因为他把国家当作一种理念，肉身只是国家理念的表现形式罢了。马克思指出，既然国王只是国家理念的不朽身躯的表现，那么如何来解释这个终会死去的肉体呢？马克思据此继续指出："君王世袭制是从君王的概念中产生的。据说君王是与自己的整个类、与其他一切人特别不同的人。这么一个人与其他一切人的最后的明确的区别究竟是什么呢？是肉体。肉体的

① 《马克思恩格斯全集》第3卷，北京：人民出版社，2002年，第51页。
② 《马克思恩格斯全集》第3卷，北京：人民出版社，2002年，第40页。

最高功能是生殖活动。这样，国王的最高宪政活动就是他的生殖活动，因为他通过这种活动制造国王，从而延续自己的肉体。他儿子的肉体是他自己肉体的再生产，是国王肉体的创作。"① 马克思认为，黑格尔的问题在于没有看到整体的社会化所具有的力量，因而总是局限于对个人以及私有财产的关注："如果君王是在自身中包含着国家的抽象的人，那么这无非是说国家的本质就是抽象的人，是私人。国家只有在自己的成熟阶段才泄露本身的秘密。君王是体现出私人对国家的关系的唯一私人。"② 黑格尔关注的领域是私人和私人财产，因此对君主制大力推崇。

1841 年下半年，马克思开始参与《莱茵报》的工作，并于 1842 年10 月承担该报的编辑工作，开始了他崭新的人生历程的一个非常重要的阶段。因为在这一时期，之前作为鲍威尔的追随者的马克思却与鲍威尔不断疏远直至分道扬镳进而决裂，从之前顺从黑格尔的国家观，心怀超阶级的、代表一切人利益的保障全民自由的理性国家的幻想，到之后残酷的政治实际动摇了他原有的信念，使其深陷对黑格尔国家观的怀疑和不自觉的批判当中。黑格尔式的哲学思辨方式，在通向现实之路的过程中，是存在很多矛盾的。进入《莱茵报》后，马克思在《莱茵报》上发表了数十篇政论，同"真正的自由主义"柏林、"真正的社会主义者"赫斯等展开了一些论战。之后，普鲁士王国政府为了保护林木占有者的利益而制定的《林木盗窃法》引起了马克思极大的愤慨。马克思根据卢梭的自然法原则指出："贫民在自己的活动中已经发现了自己的权利。人类社会的自然阶级在捡拾活动中接触到自然界自然力的产物，并把它们加以处理。"③ 在马克思看来，捡拾枯木是一种合法的占

① 《马克思恩格斯全集》第 3 卷，北京：人民出版社，2002 年，第 52—53 页。
② 《马克思恩格斯全集》第 3 卷，北京：人民出版社，2002 年，第 52 页。
③ 《马克思恩格斯选集》第 1 卷，北京：人民出版社，1995 年，第 253 页。

有，决不能算是盗窃。然而，那些法官们竟然还一本正经地讨论枯树枝与林木直接的关系，将穷人上山捡拾枯树枝的行为定性为"盗窃"。枯木是自然界给穷人的施舍物，穷人有权利得到它们："这就是那些由于它们的自然发生的本质和偶然存在而属于先占权范围的对象，也就是这样一个阶级的先占权的对象，这个阶级正是由于这种先占权而丧失了任何其他财产，它在市民社会中的地位与这些对象在自然界中的地位相同。"① 林木盗窃法的制定，让青年马克思看到了林木所有者对于莱茵河两岸的穷苦人们赤裸裸的剥削和压迫。在这种情况下，马克思对制定林木盗窃法的法官们这样说道："古巴野人认为，黄金是西班牙人崇拜的偶像。他们庆祝黄金节，围绕着黄金歌唱，然后把它扔进大海。如果古巴野人出席莱茵省等级会议的话，难道他们不会认为林木是莱茵省人崇拜的偶像吗？"② 这显然是一种讽刺。林木所有者故意将枯树枝视为私有财富，显然超出了枯树枝自身固有的自然属性。对于这种对"物"的膜拜，马克思这样说道："现在谈谈'拜物教'吧！这完全是廉价读物上的学问！拜物教远不能使人超脱感性欲望，相反，它倒是'感性欲望的宗教'。欲望引起的幻想诱惑了偶像崇拜者，使他以为'无生命的东西'为了满足偶像崇拜者的贪欲可以改变自己的自然特性。"③ 在马克思看来，拜物教不是别的，就是私利所驱使的后果，它是感性欲望的教宗，是被资本统治的世俗世界的宗教。这个感性欲望的宗教，是人们在欲望的驱使下产生的，属于一种奇怪的幻象，让那些本身很普通的、具有自然属性的物，此刻增加了神性的光芒。此时马克思眼里所谓的异化，其实就是"下流的唯物主义"和物质利益占据了上风。马克

---

① 《马克思恩格斯全集》第 1 卷，北京：人民出版社，1995 年，第 252 页。
② 《马克思恩格斯全集》第 1 卷，北京：人民出版社，1995 年，第 290 页。
③ 《马克思恩格斯全集》第 1 卷，北京：人民出版社，1995 年，第 212 页。

思后来在《资本论》中分别研究了商品拜物教、货币拜物教和资本拜物教,也应该是受此时的想法所影响。于是,马克思在《关于林木盗窃法的辩论》一文中发表了对物质利益问题的看法,而这个问题是马克思之前从来没有遇到过的,这也是马克思第一次如此真实地直面社会现实。在这时马克思的心里,一向尊重现实权威的他隐约觉察到,眼前他所遇到的现实问题很可能彻底颠覆他内心既有的哲学信念与政治信念,这也正是马克思所难以接受和承认的。正是在这种理论和现实背景下,马克思放弃了对现实的各种利益关系的深入探究,集中精力批判黑格尔的理性的"虚幻的"国家观,以及黑格尔国家学说的一些具体观点,例如王权、行政权、立法权等,去另辟蹊径来关注社会现实。现实的物质利益以及由物质利益而带来的分配不均问题,开始成为青年马克思关注的核心问题。何为出版自由?林木盗窃法的真正用意何在?这两个在当时德国的热点话题,萦绕在青年马克思的心头。他此刻已经洞察到,德国的人们对私有财产的"占有欲"已经到了可笑的地步,连从树上掉下来的枯枝败叶都需要明确所有权,可见人们的占有欲有多强烈,甚至达到了痴迷的地步。在私有制状态下,人正在成为被估价的"物",这显然是人的非正常的生存状态。这些认识,这种批判方法,都为青年马克思后来从深层次上对私有财产进行批判,以及对人的异化状态进行分析,奠定了思想基础和理论前提。带着对人的异化状态的不断思考,马克思一步步深入到对资本主义社会的批判当中。他一边深切地关注着莱茵地区穷苦人的生活境遇,一边以丰富的学识和犀利的笔调与对手进行着论战。①

---

① 按照张一兵老师的说法,"物质利益难题"并非只是困扰青年马克思的难题,而是马克思一生都试图解决的难题。参见张一兵:《马克思哲学思想第一次转变的来源和逻辑》,载《学术界》2020年第9期。

1842 年 3 月，青年马克思写下了《评普鲁士最近的书报检查令》等一系列的政论性文章，对普鲁士的专制制度进行了严厉的批判，在这个过程中，马克思首次遭遇了"物质利益难题"，这也成为青年马克思思想转变过程中的一次非常重要的事件。由于对物质利益问题的不懈思索，马克思更加清楚地认识到了社会现实的真实模样。离开《莱茵报》编辑部不到半年，马克思开始深入地阅读黑格尔哲学。到了 1843 年 3 月中旬，马克思就开始写作《黑格尔法哲学批判》，至 1843 年 9 月底完稿。我们知道，在写作《黑格尔法哲学批判》期间的 1843 年 7 月至 8 月，马克思还研究了大量的政治史著作，主要有亨利希的《法国史》、路德维希的《近五十年史》、达鲁的《威尼斯共和国史》、史密特的《法国史》、兰克的《改革时代的德国史》、林加尔德的《英国史》等。马克思还专门作了相关的摘录，并在此基础上写作了《克罗茨纳赫笔记》，重点研究了法哲学和历史学。显然，马克思这样做的意图，就是想设法解开自己在《莱茵报》工作时期遇到的心里的"苦恼的疑问"的症结。我们发现，借助于费尔巴哈，马克思此时更加坚定地要与黑格尔的理性主义的国家观进行告别。当青年马克思真真切切地看到莱茵河两岸的穷苦人民的生活状况时，他写作博士论文时内心深处涌动的"自我意识"，以及高扬的"自我意识"的虚幻的自由，此刻却显得那么无力和虚弱。康德所极力追问的"人们如何认识世界"的问题已经过时，黑格尔所建构的世界屈从于"绝对理念"的做法也不现实。面对鲜活的生活现实，最紧迫的事情是需要借助一种力量来改变现实，哲学的使命就是开展各种批判，包括对于宗教的批判，于是，在青年马克思的内心深处，一种新的呼唤在他的内心涌动着，那就是哲学应该改变世界，作为一种强有力的武器来干预现实，否则，也就没有存在的必要了。"对于哲学来说,敌人的这种叫喊声就如同初生婴儿的第一声啼哭对于一个焦急地谛听孩子哭声的母亲一样:这是哲学思想的第一声喊叫。"① 显然,马克思的这种认识,是黑格尔的哲学思想中的时代的进一步阐发和详细的讨论,"任何真正的哲学都是自己时代的精神上的精华"。② 在马克思看来,哲学只有实现"肉身化",只有关注现实,才能担当起"时代的精神上的精华"的称号。而且,马克思还看到,眼下的现实是,哲学"已进入沙龙、教士的书房、报纸的编辑室和朝廷的候见厅"。③ 也就是说,与宗教进入德国人的日常生活一样,哲学在人们的沙龙、书房、编辑室和候见厅等地方扎下根来,与人类的生活无法分离。而对于 19 世纪的德国来说,哲学不仅要自己站稳脚跟,还要与在那些场合已经无处不在的宗教进行战斗。对于当下的德国来说,哲学比宗教更为现实、更为紧迫,因为只有前者才能有效地干预现实、改变现实,因为从根本上说:"哲学非常懂得生活。"④

对于黑格尔眼中市民社会的形象,青年马克思这样表述:"犹太人用犹太人的方式解放了自己,不仅因为他掌握了金钱势力,而且因为金钱通过犹太人或者其他的人而成了世界势力,犹太人的实际精神成了基督教各国人民的实际精神。"⑤ 此时青年马克思已经看到,犹太人的生活方式是以经济利益为中心的,而且这种以经济利益为中心的生活方式是资本主义生活的普遍的存在方式。毋庸置疑,青年马克思自身的成长环境包括当时德国的社会环境、家庭成长环境及其文化基因对他自身的

---

① 《马克思恩格斯全集》第 1 卷,北京:人民出版社,1995 年,第 220 页。
② 《马克思恩格斯全集》第 1 卷,北京:人民出版社,1995 年,第 220 页。
③ 《马克思恩格斯全集》第 1 卷,北京:人民出版社,1995 年,第 220 页。
④ 《马克思恩格斯全集》第 1 卷,北京:人民出版社,1956 年,第 123 页。
⑤ 《马克思恩格斯文集》第 1 卷,北京:人民出版社,2009 年,第 50 页。

思想成长的影响是重要的，甚至是深远的。这样的环境使得他从小对"当时德国状况满怀激愤"，对当时的社会不公正、不平等现象极为不满，对劳苦大众怀着深深的同情。需要指出的是，对启蒙文学有着深深的热爱、有着浓厚的人文情怀的马克思此时正处于人生的少年时期，他对康德、席勒、海涅等人的痴迷是有着具体的内容指向的。此时，挥舞着诗意的马克思正怀揣着对未来的无限希冀和遐想，在他的头脑和意识里，激愤是因为上帝对犹太民族的命运的不公待遇，而"为全体劳苦大众谋幸福"的宏伟愿景也只是一种理想主义的少年情怀。马克思试图借助于费尔巴哈以解开自己心中的症结。1843 年 3 月，马克思在致卢格的一封信里这样写道："一个最寻常的荷兰人也比一个最伟大的德国人强，因为不管怎么说他总算是一个公民。请听听外国人对普鲁士政府的评论吧！在这方面意见是出奇地一致，普鲁士制度及其明显的本质再也骗不了人了。"①

我们知道，《〈黑格尔法哲学批判〉导言》是在《黑格尔法哲学批判》之后写成的。1843 年 9 月，《黑格尔法哲学批判》完稿之后不久的第二个月，也就是 1843 年 10 月，马克思到达巴黎，并在此建立了与正义者同盟的联系，同时也对法国的工人运动状况进行了研究。在这样的革命实践运动中，马克思获得了许多新的灵感，促成他开始对新的理论问题的思考。在这部著作里，马克思把论述的重点放在无产阶级的历史作用与使命、无产阶级革命的精神武器等问题上。无疑，"无产阶级"问题的出现，正是青年马克思的政治立场和哲学思想发生转变的又一个极为重要的标志。对法国大革命历史的研究完成之后，青年马克思开始接受英国和法国的共产主义和社会主义思想，在理论上，马克思开始向

---

① 《马克思恩格斯全集》第 1 卷，北京：人民出版社，1956 年，第 407 页。

共产主义、社会主义立场转变。共产主义、社会主义立场,其实就是无产阶级立场,思考犹太人的解放问题,自然也就是站在无产阶级立场,来解决市民社会中的"物质利益难题"。而且,进一步看,从青年马克思整个思想探索和成长历程来看,他在实现革命民主主义到共产主义立场的转变过程中,无产阶级立场的确立,无疑是一个非常重要的、不容忽视的思想环节。青年马克思之所以能够确立无产阶级的立场,与他学习政治经济学、完成对市民社会的内在结构和矛盾运动的研究,是紧密相连。虽然青年马克思运用费尔巴哈的人本学立场来认识资本主义,但伴随着他对政治经济学研究的深入,以及对资本主义剖析的深度的不断推进,最终促使他走向了科学的共产主义立场,摆脱了人本主义和自然主义的困扰。

二、对黑格尔思辨思维的批判:法权唯物主义思想的集中表现

我们无法设想,一个对黑格尔哲学一无所知的人能够读懂马克思。列宁在读黑格尔的《逻辑学》时断言"半个世纪以来,没有一个马克思主义者是理解马克思的"便是直接在上述意义上讲的。在《法哲学原理》这部著作中,黑格尔明确将市民社会的结构概述为三个逐步展开的环节:"第一,通过个人的劳动以及通过其他一切人的劳动与需要的满足,使需要得到中介,个人得到满足——即需要的体系。第二,包含在上列体系中的自由这一普遍物的现实性——即通过司法对所有权的保护。第三,通过警察与同业公会,来预防遗留在上列两体系中的偶然性,并把特殊利益作为共同利益予以关怀。"① 显然,黑格尔对市民社

---

① [德] 黑格尔:《法哲学原理》,范扬、张企泰,译,北京:商务印书馆,1961年,第203页。

会的结构的分析，是以他的政治经济学研究为基础而进行的，因为，"政治经济学就是从上述需要和劳动的观点出发，然后按照群众关系和群众运动的质和量的规定性以及它们的复杂性来阐明这些关系和运动的一门科学"。① 也就是说，在黑格尔看来，人类社会存在的基础就是现代意义上的劳动，是劳动赋予了人类学的价值与意义。为了清楚地了解这一点的原因，我们来简单地分析一下青年马克思这一阶段的哲学运作历程。

我们知道，黑格尔的时代，德国被各种封建小领主占据着，还不是一个统一的国家，所有的有识之士都盼望着德国能够建立一个统一的国家，因此，黑格尔期待，现实生活的真理应当存在于一个很高的理念当中，比如说国家。《莱茵报》后期，马克思动摇了对黑格尔国家观的信仰之后，首先发问的就是黑格尔的国家观念。因此，在我们现在所看到的《黑格尔法哲学批判》手稿中，出现的是对黑格尔《法哲学原理》一书的第三篇第三章"国家"章节中的部分内容的批判性研究。至于对《法哲学原理》中的"市民社会"部分的批判，马克思说要留待下一步再做。这里便出现了这么一个问题：马克思早在1837年的"给父亲的信"中就已经明白了必须从事物发展的内在逻辑的角度来研究事物本身，这是青年马克思克服康德、费希特的主观唯心主义之后的一个重要理论成果。在1843年夏天写作《黑格尔法哲学批判》时，这一思想依然是存在的。比如，在谈到对现代国家的批判时，马克思说："对现代国家制度的真正哲学的批判，不仅要揭露这种制度中实际存在的矛盾，而且要解释这些矛盾；真正哲学的批判要理解这些矛盾的根源和必

---

① [德] 黑格尔：《法哲学原理》，范扬、张企泰，译，北京：商务印书馆，1961年，第204页。

然性。"① 照理说,由于黑格尔在《法哲学原理》中已经指出了绝对精神从市民社会到国家的发展逻辑,根据上述从内在必然性出发的观点,马克思对黑格尔唯心主义的批判应当表现为真实地再现从市民社会到国家的客观逻辑,即通过对具体阶段的市民社会的分析来说明建立在它之上的国家所必然具有的特点,这才是真正的内在必然性的分析方法。也就是说,马克思对黑格尔国家观及现代国家的批判恰恰是从市民社会出发的,而且,对国家的批判和对市民社会的批判应当是一回事。可马克思事实上没能做到这一点。马克思是把对政治国家和对市民社会的批判分开来的(马克思想写一本《政治和政治经济学批判》也是对这一点的证明)。在分别进行的批判中,马克思努力去做的工作是通过分析到目前为止的国家制度中人的二元化特征来说明真正的国家制度应当是以人为原则的,以及通过分析现实市民社会中个人的外在化来说明真正的社会应当是什么样子的。马克思这里所采用的方法更多的是费尔巴哈的,而不是那种黑格尔式的历史必然性的方法。如果我们把眼光再往前推一点就会发现,马克思在《莱茵报》甚至博士论文时期所采用的也不是内在必然性的方法。这一点是非常明显的。

其实只要仔细分析,我们便不难看到问题的矛盾之所在。马克思的确在 1837 年就已经认识到了从内在必然性的角度来研究事物本身的方法的重要性,但问题在于,什么是内在的历史必然性的方法? 在当时的德国理论界,历史主义是作为保守主义的代名词出现的,不管是历史主义的法理学还是历史主义的经济学,都是如此。持批判态度的青年马克思显然不可能向这种观点靠拢。想一下马克思在《1844 年经济学哲学手稿》中还把圣西门主义者的历史主义观点与资产阶级经济学家的为

---

① 《马克思恩格斯全集》第 1 卷,北京:人民出版社,1956 年,第 359 页。

现实辩护的观点相提并论,① 并且还花了很大的力气来批判黑格尔辩证法的非批判的实证主义，对这一点的理解也就不那么困难了。我们还可以从另外一条线索来看这一问题。18 世纪的法国启蒙思想是青年马克思哲学思想的一个重要的背景基质，这些思想家尽管在批判宗教时显示出了伟大的人道主义气概，但在历史观上却大多是盲目的命运决定论者（与他们的天才论相匹配）。在他们看来，私有制社会的历史是命运向人类所开的一个玩笑，它在人类的发展中没有起任何作用，因此，人类历史如果说有什么规律的话，那必然是人类从这一段黑暗的时期跳离出来，通过对人的本性的领悟一步跨到理想社会的必然性。那么，通过什么来认识人类的天性呢？通过对现实的罪恶的批判。事实上，青年马克思也正是通过这样的思维逻辑来理解历史必然性的内涵的。正像法国启蒙思想家的上述思想是跟他们脱离经济发展的线索来思考历史的发展直接相关一样，青年马克思在引进现实经济发展的思维线索之前事实上是无法真正地理解黑格尔历史观中所包含的深刻内涵的，这可以帮助我们理解，为什么在《莱茵报》时期尽管马克思所受到的是黑格尔法哲学的影响，但他所采用的批判方法却较少有黑格尔方法论的色彩，同时也可以解释，为什么在 1843 年马克思轻松地完成了在方法论上从黑格尔式的理性观到费尔巴哈式的人本主义的转变。因此，马克思尽管在《黑格尔法哲学批判》中认识到了不是国家决定市民社会而是市民社会决定国家，但方法论上的局限性决定了他还不可能像黑格尔研究国家精神一样研究市民社会。如果果真是这样的话，马克思就不可能先去批判黑格尔的国家学说，而必然是把黑格尔的市民社会观点作为自己的批判对象，以批判资本主义制度为理论核心的空想社会主义思想也就必然会

---

① 《马克思恩格斯全集》第 42 卷，北京：人民出版社，1979 年，第 110 页。

44

在这个时候就进入马克思的哲学视域。可事实却不是如此。

毋庸置疑,青年马克思自身的成长环境包括当时德国的社会环境、家庭成长环境及其文化基因对他自身思想成长的影响是重要的,甚至是深远的。这样的环境使得他从小对"当时德国状况满怀激愤",对当时的社会不公正、不平等现象极为不满,对劳苦大众怀着深深的同情。但是需要指出的是,对启蒙文学有着深深的热爱、有着浓厚的人文情怀的马克思此时正处于人生的少年时期,他对康德、席勒、海涅等人的痴迷是有着具体的内容指向的。此时,挥舞着诗意的马克思正怀揣着对未来的无限希冀和遐想。在他的头脑和意识里,激愤是因为上帝对犹太民族命运的不公待遇,而"为全体劳苦大众谋幸福"的宏伟愿景也只是一种理想主义的少年情怀。有人不同意学界对"莱茵报时期"马克思的理论定位,不同意"莱茵报时期"的马克思是抽象地谈论"物质利益"和"人民理性"的、不是一个唯物主义者的马克思。他认为,"这一时期的马克思已经立足于物质利益和人民群众来思考和认识社会历史问题",因而,"由此反映出来的基本观点和思想构成了马克思新世界观的重要内容和逻辑环节"。然而,一个人有了对某事的关切情怀,不等于他就拥有实际解决这一问题的能力。马克思对农民捡拾枯枝败叶反而遭遇《林木盗窃法》的惩罚极为不满,他把这种行为解释为"人类社会的自然阶级在捡拾活动中接触到自然界自然力的产物,并把它们加以处理"。① 但是,即便这样,也不能直接说明此时的马克思已经是一个唯物主义者了,更不能直接过渡到 1846 年与恩格斯共同写作《德意志意识形态》中的唯物史观的思想。显然,如果马克思能够在 1842 年就已经得出 1846 年时的结论,那么其后 1844 年与恩格斯合著的《神圣家

---

① 《马克思恩格斯全集》第 1 卷,北京:人民出版社,1995 年,第 253 页。

族》中对鲍威尔兄弟的批判、《1844年经济学哲学手稿》中浓厚的伦理社会主义和人本主义印记、1845年的《关于费尔巴哈的提纲》中对费尔巴哈的溢美之词就难以完满解释了。虽然有学者花了大量的篇幅来论证"莱茵报时期"的马克思已经立足于"人类社会存在和发展的基础"而"具体地、历史地理解人的需要、人的活动和人的物质利益的满足",但是,从根本上看,这一时期的马克思,无论怎样站在"贫民阶级的立场"上对"私人利益"做出具体分析,充其量仍然只是一个处于浓厚黑格尔话语包围之中的马克思。也就是说,要想真正建立起历史唯物主义的科学理论大厦,青年马克思还有一段很长的路要走,还有一些重要的理论障碍需要克服。因为,"在思辨终止的地方,在现实生活面前,正是描述人们实践活动和实际发展过程的真正的实证科学开始的地方。关于意识的空话将终止,它们一定会被真正的知识所代替。对现实的描述会使独立的哲学失去生存环境,能够取而代之的充其量不过是从对人类历史发展的考察中抽象出来的最一般的结果的概括。这些抽象本身离开了现实的历史就没有任何价值"。① 意思是说,任何一种企图独立于现实实践生活之外的哲学都是虚假的意识形态,对现实的社会生活不会产生任何作用。列宁也曾经指出:"客观地运用的灵活性,即反映物质过程的全面性及其统一性的灵活性,就是辩证法,就是世界的永恒发展的正确反映。"② 这就是马克思所一直坚守的唯物辩证法的核心,即"反映物质过程的全面性及其统一的灵活性"。历史已经用无可辩驳的经验证实了这一点。马克思以其自身所遭遇的客观境遇告诉我们,他与其他社会主义者一样,都对无产阶级的贫苦状态和不幸遭遇怀着悲天

---

① 《马克思恩格斯文集》第1卷,北京:人民出版社,2009年,第526页。
② 《列宁专题文集:论辩证唯物主义和历史唯物主义》,北京:人民出版社,2009年,第132页。

怜悯的同情，但这种同情并非表明他此时已经从根本上勘破了造成这一状况的根本原因。也就是说，这时的青年马克思充其量是个社会主义者。

因此可以说，青年马克思思想的成长历程告诉我们，自"莱茵报时期"对"物质利益难题"发表见解之后，怀揣着对劳苦大众的深深同情和对"国家"这一"地上神圣之物"① 的怀疑和不满，他便开始着力思考这一问题的有效解决路径。正是对这一问题的困顿，使得他开始告别黑格尔而走向费尔巴哈。对"物质利益难题"的深入思考使马克思认识到，黑格尔的浓厚的思辨与抽象思维根本无法使这一问题得到有效解决，甚至在某种程度上使矛盾越来越激化。正是在这一意义上，马克思才开始走向费尔巴哈："在市民社会中，每个人都以自身为目的，其他一切在他看来都是虚无。但是，如果他不同别人发生关系，他就不能达到他的全部目的，因此，其他人便成为特殊的人达到目的的手段。"②

第一，客观的经验现实关系构成了国家精神的基础。不同于黑格尔以理念为核心构建的国家学说，马克思重点强调的是阶级与阶级之间的对立，因此可以说，黑格尔将国家定义为"国家的理念"或"国家的精神"，是以"自由意志"为主导性理念建构起来的国家；毋宁说，他所强调的国家并不是现存的实体的国家。黑格尔明确指出："宗教是人

---

① 黑格尔指出："人们必须崇敬国家，把它看作地上的神物。"（参见［德］黑格尔：《法哲学原理》，范扬、张企泰，译，北京：商务印书馆，1961 年，第 285 页。）意思是说，国家是至高无上的伦理实体，国家之所以能够高于市民生活，是因为市民社会的性质是由国家决定的。

② ［德］黑格尔：《法哲学原理》，范扬、张企泰，译，北京：商务印书馆，1961 年，第 197 页。

民的鸦片。"① "国家是地上的精神，这种精神在世界上有意识地使自身成为实在，至于在自然界中，精神只是作为它的别物，作为蛰伏精神而获得实现。只有当它现存于意识中而知道自身是实存的对象时，它才是国家。"② 在黑格尔的心里，只有"蛰伏精神"的国家才是真正的国家，现存的每一个国家如果说有其存在价值的话，那就是它身上的缺陷让我们看到并去认真思考国家的理念和国家的精神究竟是什么。在《关于哲学改造的临时纲要》中，费尔巴哈明确指出："思想与存在的真正关系只是这样的：存在是主体，思维是宾词。思维是从存在而来的，然而存在并不来自思维。存在是从自身、通过自身而来的——存在只能为存在所产生。"③ 并且，"无限者是有限者的真实本质——真实的有限者。真正的思辨或哲学不是别的，仅仅是真实的、普遍的经验"。④ 马克思在 1843 年 2 月底开始阅读费尔巴哈的著作，并对费尔巴哈的哲学思想极为崇拜，自然地，对黑格尔理念至上的思想就逐渐开始产生不满了。因此，从 1843 年底 1844 年初开始，马克思着手进行对市民社会及其理论表现——资产阶级政治经济学的批判。由于马克思是从德国式的人的类本质的角度来进入对资本主义社会的批判的，也正如马克思后来在批判德国哲学家时所说的，这种大写的人的观念实际上是按照关于神、关于模范人的观念而建构起来的。可以看出，马克思当时也没能超出这种观点。因此，空想社会主义思想与此时的马克思之间显然会具有以下两

---

① 《马克思恩格斯全集》第 3 卷，北京：人民出版社，2002 年，第 200 页。

② ［德］黑格尔：《法哲学原理》，范扬、张企泰，译，北京：商务印书馆，1961 年，第 258 页。

③ ［德］路德维希·费尔巴哈：《费尔巴哈著作选集》（上），荣震华、李金山，译，北京：三联书店，1959 年，第 115 页。

④ ［德］路德维希·费尔巴哈：《费尔巴哈著作选集》（上），荣震华、李金山，译，北京：三联书店，1959 年，第 107 页。

层复杂的关系:其一,这些空想社会主义者为青年马克思提供了许多批判资本主义社会的思路和素材,对于初涉此领域的马克思来说,这些问题必然具有很大的吸引力;其二,马克思肯定会瞧不起这些人的理论起点,因为伦理的或者政治的理论起点不可能达到人的类本质的"理论高度"。

黑格尔认为,这正是家庭与市民社会的价值所在。此时黑格尔对市民社会也是抱着批判态度的,他努力借助国家和法来对市民社会进行批判。马克思指责黑格尔把观念的东西变成了主体的东西,显然,马克思在此抓住了黑格尔第三篇《国家章》将黑格尔批判了一番。殊不知,此时年轻的马克思无法看到,黑格尔所言的"观念"就是一种"国家精神",现实生活中的那个经验的、利己的国家黑格尔早就讨论过了。因此,马克思与黑格尔不是在一个层面上讨论国家、市民社会与家庭等概念的。我们不能将唯心主义放在经验/知识的层面上来认识,而必须放在智慧/哲学的层面上来解读。缺少反思精神就会易于接受经验性的东西,会停留于事物的表象而放弃追问事物的本质。黑格尔所讲的国家不是外部意义或外在于公民之外的国家,毋宁说,它主要指向一种"国家精神"或"国家意志"。需要指出的是,马克思生活的时代与黑格尔生活的时代相比,已经发生了很大的变化。马克思生活的时代,德国铁血宰相俾斯麦统治着普鲁士,对外称霸欧洲,对内镇压新兴工人运动。这个现实让黑格尔看到,他所期待的那个国家理念,并没有给德国带来良好的发展。在这种情况下,马克思开始关注新兴的市民阶层,认为他们更能代表德国未来社会发展的趋向。因此,当 1843 年年底马克思到达巴黎之后,还携带着他的《论犹太人问题》的论文。在这篇论文里,青年马克思非常清楚地写道:"犹太教的世俗基础是什么呢?实际需要，自私自利。犹太教的世俗基础是什么呢？做生意。他们的世俗的神是什么呢？金钱。"① 青年马克思此时已经看到，经济力量的内在操纵正成为社会普遍化的主导，左右着人们的思维方式和行动准则。以经济利益为中心的犹太人的生活方式，正逐渐成为当代社会的普遍存在方式。那种小市民的金钱逻辑，也正成为可能统治一切的内在力量。国家、家庭、伦理、法律等上层建筑，都是这个经济架构下的产物。显然，此时青年马克思的唯物主义思想已经很明显了，只不过，因为受制于黑格尔法哲学原理的概念的框架束缚，很多问题还没有得到清晰的阐释。也正因为此，黑格尔的思辨体系总是成为青年马克思不断批判的对象。

第二，社会历史的发展导致了国家政治社会与市民社会的分离。如上所述，青年马克思此刻正是狂热的费尔巴哈分子，因此，他经常会用费尔巴哈批评黑格尔的方式来批评黑格尔。我们知道，在黑格尔那里，曾经在中世纪时处于同一地位的市民社会与国家政治生活却在现代国家产生了分离，而且，市民社会与国家政治生活还在客观上形成了对立。马克思首先肯定了黑格尔关于市民社会与国家政治生活之间的矛盾的观点，但是对他找不到正确的解决矛盾的方法很是不满。因为黑格尔将自由意志的国家理念的实现过程视为解决这一矛盾的主要途径。然而在马克思看来，在客观的现实关系中，市民社会与国家政治生活的矛盾是思辨唯物主义哲学无法解决的；从根本上看，一定是社会历史的发展导致了二者的分离。马克思认为，中世纪的社会等级其实就是政治等级，然而自从法国大革命爆发后，市民社会与政治生活逐渐开始分离开来，曾经固定的客观共同体逐步发展为一个个流动的个体的集团；在现实的市

---

① 《马克思恩格斯全集》第 3 卷，北京：人民出版社，2002 年，第 191 页。

民社会中，社会成员之间存在着某种程度的不平等关系，然而在国家政治生活层面又呈现出作为国家的组成成员以及作为"人"的平等的特性。以马克思的观点看，在这种情况下，黑格尔坚持将自由理念的国家的实现作为解决二者分离问题的观点显然是错误的，因为黑格尔的观点是非历史的思辨观，它脱离了现实的客观关系而倒向了唯心主义。于是，青年马克思用一种犀利的语气对德国思想现状进行了批判，认为不能围绕着宗教批判进行，而应该将哲学关注的眼光从关注宗教转向关注人本身："宗教批判摘取了装饰在锁链上的那些虚幻的花朵，但是不是要人依旧带上这些没有任何乐趣任何慰藉的锁链，而是要人扔掉它们，伸手摘取真实的花朵。宗教批判使人摆脱了幻想，使人能够作为摆脱了幻想、具有理性的人来思想，来行动，来建立自己的现实性；使他能够围绕着自身和自己现实的太阳旋转。宗教只是幻想的太阳，当人还没有开始围绕着自身旋转以前，它总是围绕着人而旋转。"① 放弃对宗教的批判而转向关注德国人的生存状态，才是哲学的崇高使命。并且，在此时青年马克思的心里，发生在德国的革命与以往的革命有很大的不同，绝不仅仅是"头脑中的革命"，而是一场"给敌人以打击"的肉身的革命："针对这个对象的批判是肉搏的批判；而在肉搏战中，敌人是否高尚，是否有趣，出身是否相称，这都无关紧要，重要的是给敌人以打击。不能给德国人有一点自欺和屈服的机会。应当让受现实压迫的人意识到压迫，从而使现实的压迫更加沉重；应当宣扬耻辱，使耻辱更加耻辱。应当把德国社会的每个领域作为德国社会的污点加以描述，应当给这些僵化了的制度唱起它们自己的调子，要它们跳起舞来！为了激起人民的勇气，必须使它们对自己大吃一惊。这样才能实现德意志民族的不

---

① 《马克思恩格斯全集》第 1 卷，北京：人民出版社，1956 年，第 453 页。

可抗拒的要求，而民族要求的本身则是这些要求得以满足的决定原因。"①

需要特别指出的是，马克思对黑格尔将自由理念的国家实现视为市民社会与国家政治生活之分离的矛盾的解决的做法进行批判无疑是正确的，但是，需要看到的是，此时的马克思只是指责了黑格尔思辨哲学的唯心主义性质，他还没有对市民社会进行过多的、深入的理解，无法把握市民社会的内在本质到底是什么。也就是说，"马克思此时还只是把市民社会理解为以任意为原则而建立起来的、与个体的现实地位毫无关系的、不固定的集团"。② 日本著名的马克思主义研究专家望月清司更是直截了当地指出："我们不得不说，马克思还未能深入到《法哲学》（特别是'需要的体系'一节）的内在的逻辑，还没有达到黑格尔的水平。"③ 一个还没有达到黑格尔水平的学者，要想从根本上把黑格尔批倒，在学理上和逻辑上应该是不可能的。不是国家产生了市民社会，而是市民社会产生了国家；不是君主产生了人民主权，而是人民主权产生了君主："人民主权不是凭借君王产生的，君王倒是凭借人民主权产生的。"④ 把黑格尔的主语换成为谓语，是青年马克思此时经常做的事情。这也充分说明，他还没有形成自己独立的、系统的思想体系，他的成熟的思想正是一步一步成长起来的。我们知道，黑格尔在写作《法哲学原理》时已经是一个成熟的哲学家了，他此时已经阅读了古典政治经济学，对"市民社会"的内涵已经有了比较成熟的把握。然而，此时

① 《马克思恩格斯全集》第1卷，北京：人民出版社，1956年，第455—456页。
② 唐正东：《马克思恩格斯哲学原著选读》，北京：北京师范大学出版社，2010年，第28页。
③ ［日］望月青司：《马克思历史理论的研究》，韩立新译，北京：北京师范大学出版社，2009年，第26页。
④ 《马克思恩格斯全集》第3卷，北京：人民出版社，2002年，第37页。

的马克思还没有开始阅读古典政治经济学著作。马克思对市民社会的理解显然还不如黑格尔深刻。虽然他正确地指出了社会历史的发展最终促成了市民社会与政治生活的分离,但却无法解释清楚市民社会究竟是如何随着社会历史的发展一步步被建构出来的,以及市民社会与国家政治生活之间的辩证关系到底是什么。当然,在《导言》中,马克思开始思考德国的时代精神和民族性格,抛弃了黑格尔的研究方式,力求让一切的思想运动都与现实发生时间的关联:"光是思想竭力体现为现实是不够的,现实本身应当力求趋向思想。"①

同时,还是在对黑格尔唯心主义的批判中,马克思指出,黑格尔的哲学在于把问题弄颠倒了:"真实的相互关系弄颠倒了。在这里,最简单的东西被描绘成最复杂的东西,而最复杂的东西又被描绘成最简单的东西。应当成为出发点的东西变成了神秘的结果,而应当成为合理结果的东西却成了神秘的出发点。"② 那么,究竟什么是马克思此时确认的出发点呢? 这就是"人"! 我们发现,马克思在这里总是从"人"出发。当然,更重要的方面是马克思在此已经大大超出了费尔巴哈,他从来也没有"淹死"在费尔巴哈哲学逻辑中。在此时马克思眼中的人,已不仅仅是费尔巴哈那种自然意义上的人,马克思已经结合了家庭、财产和"市民社会"等具体的社会关系来考察人的本质了。他形象而风趣地写道:"'特殊的人格'的本质不是人的胡子、血液、抽象的肉体的本性,而是人的社会特质。"③ 这是一个很重要的理论区别点。我们看到,在这里马克思总是尽可能地将黑格尔的神学语言"译成人的话语"。马克思从来没有放弃他的那种不懈的努力,即他还是在强调主体

---

① 《马克思恩格斯全集》第 1 卷,北京:人民出版社,1956 年,第 462 页。
② 《马克思恩格斯选集》第 1 卷,北京:人民出版社,1956 年,第 294 页。
③ 《马克思恩格斯选集》第 1 卷,北京:人民出版社,1956 年,第 270 页。

性。但这不再是黑格尔那种抽象的理性，而是"人"的应该了。费尔巴哈要消除黑格尔的主客体颠倒，消除宗教的自我异化（坏的"是"），把神还原和复归于本来应该具有的人；而马克思则认为，要打倒唯心主义，要纠正宗教的颠倒，关键是真正认清现实中人的颠倒（一个新的意义上的坏的"是"）。在这里，我们看到青年马克思的理论逻辑深处的确存在着内在的冲突。

第三，是家庭和市民社会决定国家政治生活而不是相反。在《法哲学原理》中，黑格尔坚持将国家理解为一种理念的运动过程，且这一理念是神秘逻辑实现的产物。"国家理念"是一个整体，每一个具体的发展阶段分别占有了"国家理念"的有限性形式，并包含着一种趋向合理性的内在生命。在黑格尔看来，"立法权"是一种理念，在这一理念中，市民社会也是通过等级要素的中介而表现出来的关于市民社会的精神，因此，市民社会的发展是由国家的理念推动的。马克思认为，理念的"立法权"本身绝不是现实的客观的"立法权"，因此黑格尔眼中的"立法权"只是一种幻想。因为按照黑格尔的思路，很容易将客观现实的矛盾理解为观念中的天意。马克思指出，黑格尔的国家法是矛盾的，立法权的理念并不能解决国家政治生活与市民社会的分离问题。马克思在此用"长子继承权"为例来批判黑格尔，并希望借此说明为什么不是国家决定家庭和市民社会而是相反的观点。在黑格尔那里，"长子继承权"是为了证明国家对私有财产的权力，然而在马克思看来，长子"继承权"恰恰说明了在现代资本主义条件下私有财产之于国家政治所拥有的权力，它所反映的是私有财产的真正实现，是私有财产之于国家政治生活的独立作用或意志的体现，因而，它是市民社会决定国家政治生活的一种有力证明。

在《黑格尔法哲学批判》中，马克思首先批判了黑格尔关于家庭和市民社会与国家之间的关系的思想。其实，马克思此时的"家庭和市民社会决定国家"的论断是有问题的。马克思的基本依据是，因为构成家庭和市民社会的成员同时也是构成国家的成员，因此国家的性质是由家庭和市民社会的性质决定的。也如同说，我们一个班级的成员是由每一个小组或每一个宿舍的成员构成的，因此可以说，每一个小组或每一个宿舍的成员构成了我们班级的成员，自然而然，每一个小组或每一个宿舍的成员的性质也就决定了我们整个班级的性质。假设这个班级总共有 25 个人，其中有 20 个人是积极向上的，这时我们会说，这个班级的总体状况是积极向上的；一个个县构成一个市，因此一个个县的性质就决定着一个市的性质。马克思因此将他看到的一个个家庭的人，当成构成国家的一个个人来看待，其实是一种很直观的看法，未能指出国家的实质中内含的历史的内容，只是看到经验、直观的唯物主义的描述，而没有去反思国家中内含的社会历史的内容，因此可以说，马克思此时的思考尚未真正上升到哲学的高度。因此，"家庭和市民社会决定国家"的命题是有问题的。也就是说，此时的马克思绝不是写作《德意志意识形态》语境中的马克思。黑格尔虽然以唯心主义的视角进入历史的语境当中，但是他是以反思的视角进行哲学思考的。

不仅是青年马克思，还包括青年恩格斯，当时都成了费尔巴哈忠实的信徒："我们一时都成为费尔巴哈派了。"① 1842 年，马克思在撰写的《路德是施特劳斯和费尔巴哈的仲裁者》中说："你们只有通过火流（德语的音译是费尔巴哈——引者注）才能走向真理和自由，其他的路

① 《马克思恩格斯选集》第 4 卷，北京：人民出版社，2012 年，第 228 页。

是没有的。费尔巴哈，这才是我们时代的涤罪所。"① 1843 年 2 月，马克思阅读了费尔巴哈的《关于哲学改造的临时纲要》，开始受到费尔巴哈唯物主义方法论的影响，站在了一般历史唯物主义的立场上。费尔巴哈在这里明确指出，"思维与存在的真正关系只是这样的：存在是主体，思维是宾词。思维是从存在而来的，然而存在并不来自思维。存在是从自身、通过自身而来的——存在只能为存在所产生。"② 更进一步，"无限者是有限者的真实本质——真实的有限者。真正的思辨或哲学不是别的，仅仅是真实的、普遍的经验"。③ 难能可贵的是，马克思能够将费尔巴哈的唯物主义思想运用于市民社会与国家政治生活的关系的阐释，这不能不说是他的思想的一个很大的进步。费尔巴哈在提出其唯物主义思想时的主要参照是宗教批判，而马克思却能够将这一思想运用到对具体的问题的认识和理解上。但是，我们同样要看到，此时的马克思虽然能够认识到黑格尔思辨哲学的唯心主义法权的缺陷，但是他对于私有财产和市民社会的理解也仍然只是经验主义的视角。也就是说，从法权唯物主义出发来理解私有财产和市民社会，马克思终究无法达到对私有财产和市民社会的深刻认识。他指出："政治国家的成员是从一种并非政治国家本质的本质中，即从抽象的私法的本质中，从抽象的私有财产中获得自己的无依赖性。政治的无依赖性是私有财产的偶性，不是政治国家的实体。"④ 从这段话我们可以看出，马克思是从"私法的本质"的角度展开的对私有财产与国家政治的经验性认识，显然还没有

---

① 《马克思恩格斯全集》第 1 卷，北京：人民出版社，1956 年，第 33—34 页。
② ［德］费尔巴哈：《费尔巴哈哲学著作选集》（上卷），荣震华、李金山，译，北京：生活·读书·新知三联书店，1959 年，第 115 页。
③ ［德］费尔巴哈：《费尔巴哈哲学著作选集》（上卷），荣震华、李金山，译，北京：生活·读书·新知三联书店，1959 年，第 107 页。
④ 《马克思恩格斯全集》第 3 卷，北京：人民出版社，2002 年，第 133 页。

达到黑格尔将对市民社会的理解上升到人的需要的体系来的高度,还不能真正领悟到黑格尔以"理性的狡计"为主导所建构的市民社会理论的深刻内涵。黑格尔认为,不能直接认为现实中的单个人直接地构成国家,即使单个人用民主的形式直接构成国家,这看上去很有吸引力,但这里的民主其实是一种"私人"的民主,而不是"公民"的民主。例如在美国,共和党一心反对民主党的真正原因,是因为共和党担心民主党风头过盛而致使其失去民意支持,因而挖空心思去攻击民主党的医改政策,这显然是一种"私人"的民主而非真正的民主。正因为马克思在批判黑格尔国家观的同时不能深入到黑格尔的市民社会理论的内部,去捕捉以客观的利益关系为根本的市民社会与国家政治生活之间的复杂的社会历史关系,因而此时的马克思所能做的,只能是紧紧抓住黑格尔市民社会理论的一个构成部分的"国家"观来进行批判,用法权唯物主义视角来代替黑格尔的唯心主义视角。

1843 年夏天,马克思还未开始阅读政治经济学,他关于市民社会的概念都是来自黑格尔的。在黑格尔眼里,"市民社会"是"任意的"存在,是利己的,是没有"精神"的,是一种缺乏国家精神的、纯粹为了获取利益满足的国家,因而这不是真正的国家。因此可以说,黑格尔此时眼中的"市民社会"是从"国家精神"的层面来解读的,而马克思此时对黑格尔"任意"概念的理解是有问题的,不了解经济学使得他显得被动和浅薄。因为在黑格尔那里,"国家精神"才是真正的国家,这个国家里的每一个公民都不是利益的分享者,因此市民社会简直就是一个被嗤之以鼻的垃圾。如果从经验层面看,古典经济学家亚当·斯密早就看到了市民社会是一个"看不见的手",因而,站在个人层面上看,市民社会是"任意的",黑格尔只是将古典经济学家亚当·斯密所指称的经济学层面的认识进行了哲学解读罢了。因此，马克思此时对黑格尔的解读是有问题的，所以他才认为黑格尔对市民社会的解读也是"任意的"，因为他所比较的参照对象是一个共同体。望月青司认为，德语中的"市民社会"与英文中的"市民社会"的内涵是不一样的，前者是指一个城邦社会中被保护起来的有特权的那一部分人，例如城堡，它主要是指"特权市民"（community），是建立在等级制基础上的固定的市民社会；而后者的"市民社会"主要是指"同权市民"，是指放在同等的交换市场中才有同等的资格。因此此时马克思未能从社会关系的矛盾视角入手，而只是从个人视角（例如偶然性等）来理解市民社会，因而不了解现代市民社会，就看不到个人主义背后所隐藏的深层关系是社会关系和市场关系，所以，此时的马克思只能谈论"个人"而无法深刻认识"工人"的含义。人"自己在本质上的二重化，"在现实中就是表现为人在政治生活中和现实生活中的某种深刻的不一致，即"国家"与"市民社会"的分离。"历史的发展使政治等级变成了社会等级，在他们的政治世界的天国是平等的，而人世的存在中，在他们的社会生活中却不平等"，"在政治国家真正发达的地方，人不仅在思想中，在意识中，而且在现实中，在生活中，都过着双重生活——天国的生活与尘世的生活。前一种是政治共同体中的生活，在这个共同体中，人把自己看作社会存在物；后一种是市民社会中的生活，在这个社会中，人作为私人进行活动，把别人看作工具，把自己也降低为工具，成为外力随意摆布的玩物"。① 这是一种新的异化。

---

① 《马克思恩格斯全集》第 1 卷，北京：人民出版社，1956 年，第 428 页。

三、"人的根本就是人本身"：人本学唯物主义理论的初步建构

《黑格尔法哲学批判》的主体部分完成之后，马克思写作了"导言"部分。在"导言"里，马克思更是旗帜鲜明地坚持费尔巴哈一般唯物主义的立场，立足于客观的现实层面，对黑格尔以法哲学为主要内容的思辨唯心主义的理性主义国家观集中进行了批判。身处巴黎的马克思，最为关心的事情就是，如何将自己对黑格尔理论的批判，与改变德国现实的行动紧密结合起来。对此，马克思这样写道："批判的武器当然不能代替武器的批判，物质力量只能用物质力量来摧毁；但是理论一经掌握群众，也会变成物质力量。理论只要说服人，就能掌握群众；而理论只要彻底，就能说服人。所谓彻底，就是抓住事物的根本。但人的根本就是人本身。"① 从这段被后人引用率极高的文字可以看出，此时的青年马克思对于"武器的批判"之重要性的强调，一个高扬革命精神的批判者形象呼之欲出了。但是，究竟该以何种理论作为支撑来批判市民社会本身，马克思当时的认识并不十分清楚，因为他对黑格尔将法人、社会团体视为抽象的东西来看待的做法极为不满："这个命题极为混乱。法人、社会团体等等都被称作抽象的东西，也就是说，正是一些类形式被称作抽象的东西，现实的人借助这些类形式实现他的现实内容，使自己客体化，抛弃'人本身'的抽象。"② 导致马克思这一观点发生变化的主要原因在于，自1843年10月他到了巴黎，与法国的社会主义者与德国的正义者同盟建立联系后，革命的实践使他逐渐认识到，要想使革命的无产阶级真正获得革命的力量，就必须赋予他们真正的精

① 《马克思恩格斯全集》第1卷，北京：人民出版社，1956年，第460页。
② 《马克思恩格斯全集》第3卷，北京：人民出版社，2002年，第36—37页。

神武器，也即将哲学这一"批判的武器"提供给广大无产阶级。也正是在巴黎的日子，通过对法国人民的了解，马克思逐渐认识到，法国的国民性是值得信赖的，因为他们具有无产阶级的品行："在法国，人民中的每一个阶级都是政治的理想主义者，它首先并不感到自己是个特殊阶级，而是整个社会需要的代表。因此，解放者的角色在充满戏剧性的运动中顺次由法国人民的各个阶级担任，这个阶级将要实现社会自由，但它已不使这个自由受到人的外部的但仍然是由人类社会造成的一定条件的限制，而是从社会自由这一必要前提出发，创造人类存在的一切条件。"① 在马克思眼里，法国人具有无产阶级的优秀品格，能够担负起阶级解放的重任。在此，由法国的国民性的品格，联想到德国的解放的现实，马克思指出："德国解放的实际可能性到底在哪里呢？答：就在于形成一个被彻底的锁链束缚着的阶级，一个表明一切等级解体的等级；一个由于自己受的普遍苦难而具有普遍性质的领域，这个领域并不要求享有任何一种特殊权利，因为它的痛苦不是特殊的无权，而是一般无权，它不能再求助于历史权利，而只能求助于人权，它不是同德国国家制度的后果发生片面矛盾，而是同它的前提发生全面矛盾，最后，它是一个若不从其他一切社会领域解放出来并同时解放其他一切社会领域，就不能解放自己的领域，总之是这样一个领域，它本身表现了人的完全丧失，并因而只有通过人的完全恢复才能恢复自己。这个社会解体的结果，作为一个特殊等级来说，就是无产阶级。"② 马克思在此不惜花费大量笔墨来描绘无产阶级，就是为了凸显无产阶级这个特殊阶级的重要地位与使命，那个带领德国走向解放的阶级，只能是无产阶级。这

---

① 《马克思恩格斯全集》第 1 卷，北京：人民出版社，1956 年，第 465—466 页。
② 《马克思恩格斯全集》第 1 卷，北京：人民出版社，1956 年，第 466 页。

个无产阶级身上承载着德国的现在与未来。虽然身居法国,但此时的马克思却关注着德国的现实制度:"应该向德国制度开火!一定要开火!这种制度虽然低于历史水平,低于任何批判,但依然是批判的对象,正像一个罪犯低于人性的水平,依然是刽子手的对象一样。"① 从这里可以看出,马克思想要直面德国复杂的社会现实,希望通过研究德国的解放道路去探析普遍的人类解放的道路。"不摧毁政治现状的一般障碍,就不可能摧毁德国的特殊障碍。"② 马克思认为,德国的问题是普遍的,因此担当德国解放的无产阶级也应当具有普遍意义。

除了清晰地指出无产阶级的地位与使命外,更重要的是,此时的马克思还认识到,仅仅将黑格尔的"国家政治生活决定市民社会"批判一番进而阐明"市民社会决定国家政治生活"的观点是不够的,要想为现实社会提供有价值的东西,就必须拿出明确的哲学观点来支撑。此时,在马克思的心里,无产阶级的角色已经逐渐清晰起来:"在市民社会,任何一个阶级要想扮演这个角色,就必须在一瞬间激起自己和群众的热情。在这瞬间,这个阶级和整个社会亲如手足,打成一片,不分彼此,它被看作和被认为是社会的普遍代表;在这瞬间,这个阶级本身的要求和权利真正成了社会本身的权利和要求,它真正是社会理性和社会的心脏。只有为了社会的普遍权利,个别阶级才能要求普遍统治。要取得这种解放者的地位,从而在政治上利用一切社会领域来为自己的领域服务,光凭革命精力和精神上的优越感是不够的。"③ 深受黑格尔哲学的熏陶,青年马克思认为,处在这个工业时代,就必须直面这个工业时代的时代精神、时代特质,只有这样才能获得有力、有效的批判武器。

---

① 《马克思恩格斯全集》第 1 卷,北京:人民出版社,1956 年,第 455 页。
② 《马克思恩格斯全集》第 1 卷,北京:人民出版社,1956 年,第 463 页。
③ 《马克思恩格斯文集》第 1 卷,北京:人民出版社,2009 年,第 14 页。

因此，在这篇导言里，马克思指出："工业以至于整个经济界和政治界的关系是现代主要问题之一。"① 应该说，青年马克思对于当时资本主义社会现实的把握还是正确的。只不过，德国的情况比较特殊一些，德国的经济明显落后于英国和法国："所以在法国和应该行将完结的事物，在德国才刚刚开始。这些国家在理论上反对的，而且依旧当作锁链来忍受的陈旧的腐朽的制度，在德国却被当作美好未来的初升朝霞而受到欢迎，这个美好的未来刚从狡猾的理论过渡到最无耻的实践。在法国和英国，问题是政治经济学或私有财产对国家的控制。因此，在法国和英国是消灭已经发展到最大限度的私占；在德国，却是把独占发展到最大限度。"② 在英国和法国，由于经济社会的充分发展，对财富的占有而产生的所有权问题、国家的民主问题等在实践上都已经暴露出来了，因此，对这些问题的批判和思考就自然地成了当时哲学的核心议题。呈现在青年马克思眼前的首要问题是，那些政治经济学的诸多理论，已经在法国的革命实践中真实地发生了，例如，由于对财富的占有问题而导致的所有权问题、法权问题等，而且法国人已经开始思考这些问题了，因为他们在现实的工人运动中不得不去面对这些问题，这是他们进行现实斗争的需要。然而在德国，由于经济的落后，现实的革命还没有爆发。在《导言》中，青年马克思虽然看到了德国在经济上相对于英国和法国的落后状况，但是作为欧洲的一个重要构成部分，德国的哲学思想却是与时代同行的。德国哲学思考的问题，其实就是时代的核心问题。马克思指出："我们德意志人是在思想中、哲学中经历自己的未来的历史的，我是本世纪的哲学同时代人，而不是本世纪的历史同时代

---

① 《马克思恩格斯全集》第 1 卷，北京：人民出版社，1956 年，第 457 页。
② 《马克思恩格斯全集》第 1 卷，北京：人民出版社，1956 年，第 457 页。

人。德国的哲学是德国历史在观念上的继续。因此,当我们不去批判我们现实历史的遗著——哲学的时候,我们的批判恰恰接触到了本世纪所谓的问题所在的那些问题的中心。"① 虽然此时身处巴黎,但是青年马克思通过对黑格尔的法哲学的批判,直接回击欧洲社会乃至整个资本主义社会的现实。因为不管怎样,就整个资本主义社会的发展的现实状况而言,"要使人民革命和市民社会个别积极的解放相吻合,要使一个等级成为整个社会的等级,社会的一切缺点就必须集中于另一个阶级,一定的等级就必须成为一般障碍的化身,成为一切等级所共通的障碍的体现;一种特殊的社会领域就必须被看成整个社会公认的罪恶,因此,从这个领域解放出来就表现为普遍的自我解放。要使一个等级 par excellence[真正]成为解放者等级,另一个等级相反地就应当成为明显的奴役者等级"。②

以哲学作为无产阶级的精神武器,这无疑是一种明确的批判现实社会的哲学观点。那么,无产阶级究竟如何将哲学作为自己的精神武器来进行革命呢?马克思认为,"人是人的最高本质","人的根本就是人本身"。运用费尔巴哈的人本学观点对人的自然属性进行解读,其结果自然是,马克思此时无法深入到社会历史观的内部,从现实的社会运动的内在矛盾出发来解读人的本质;此时他能做的,也只是借助于费尔巴哈的思路,将人置于"类本质"的视角下,来探求无产阶级解放自身的路径。在马克思看来,"人本身"是人的最高本质,是现实的人的最高规定,因此,那些任何阻碍人成为人本身的东西都应该被毫不犹豫地推翻掉,包括那些奴役人、蔑视人、侮辱人的一切关系都应该被推翻干

① 《马克思恩格斯全集》第 1 卷,北京:人民出版社,1956 年,第 458 页。
② 《马克思恩格斯全集》第 1 卷,北京:人民出版社,1956 年,第 464 页。

净。这就是他提供给广大无产阶级的最有力的精神武器，是真正的"人"的、能够使现实的人成为人的哲学。然而，让马克思郁闷的是，他看到的德国同胞却让他苦恼："德国的任何一个特殊阶段，不仅缺乏那些把自己标志为社会消极代表的彻底、尖锐、勇敢、无情，同样任何一个等级也缺乏和人民心胸相同——即使是瞬间的相同——的开阔的胸怀，缺乏鼓舞物质力量实行政治暴力的感悟，缺乏革命的大无畏精神，敢于向敌人傲然挑战：我算不了什么，但我必须主宰一切。构成德国道德和忠诚——不仅是个别人的，而且是各个阶段的——的基础的，却反而是被压抑的利己主义；这种利己主义故步自封，而且希望别人也能故步自封。"①

在《〈黑格尔法哲学批判〉导言》的第 162 节，黑格尔这样写道："现实的观念，即精神，把自身分为自己概念的两个理想性的领域：家庭和市民社会，即分为自己的有限性，以便从这两个领域的理想性中形成自为的无限的现实的精神，——现实的观念从而把自己的这种现实性的材料，把作为群体的各个人，分配于这两个领域，这样，对于单个人来说，这种分配是通过情况、任意和本身使命的亲自选择为中介的。"②显然，黑格尔是在用"现实的观念精神"来标示国家的内涵，他的用意是，这里的"现实"不是经验层面的现实，是"自为"层面的现实而非"自在"层面上的现实运动。当然，"客观精神"在这里为什么能够游离于家庭和市民社会，黑格尔的确没有讲清楚，因此有"神目观""泛神论"的嫌疑。过去，我们习惯将马克思思想与黑格尔思想之间的关系理解为批判与被批判、超越与被超越的关系，认为马克思此时对黑

① 《马克思恩格斯全集》第 1 卷，北京：人民出版社，1956 年，第 464 页。
② 《马克思恩格斯全集》第 3 卷，北京：人民出版社，2002 年，第 9 页。

格尔的批判是成功的和胜利的。国内学术界的许多学者都是如此,一提到黑格尔,立刻将其打入到"唯心主义"的"冷宫"中而进行激烈批判,甚至也有人对黑格尔的思想不屑一顾。传统的教科书更是把黑格尔当作唯心主义的典型代表而与代表唯物主义的马克思思想进行比较,结果将马克思的思想置于黑格尔始终无法到达的高度来认识。西方哲学中的"反思"是区别于现象的,它绝不是停留于概括层面上的,这与中文语境中热衷于概括的做法是不同的。其实,在经验层面上,唯心主义者不会看不到他所看到的现象,而是立足于自我审视的角度来反思现实。也就是说,尽管黑格尔也清楚地看到了物质存在的具体形态,但是他认为这些都不是世界的本质,最本质的东西应该是精神和意识。唯心主义者是这样,朴素唯物主义者也是这样。朴素唯物主义者所看到的物质的具体存在形态、物质存在、物质运动等都不是经验层面的现象。古希腊朴素唯物主义者们如泰勒斯、赫拉克利特等将世界的本原理解为水、火等具体物质存在形态时,并不是说,在他们眼里,世界就是由水、火等具体物质形态的东西构成的,毋宁说,他们的思想是通过对经验层面的反思而不是对经验现象的简单概括和总结而形成的。也就是说,作为世界本原的"水"并不是我们口渴时所喝的"水",而是对世界上所有具体的物质存在形态反思的结果,是一种哲学高度的理论形态。请注意,哲学上的反思是对现象背后的本质的追问与思考,绝不是停留在经验现象层面而不再向前。因此,我们需要对唯物主义与唯心主义有科学的认识与评价,而不能将问题简单化。

四、一般唯物主义理论建构后需要深入推进的问题

1844 年,马克思写下了《巴黎笔记》和《1844 年手稿》,"但其深

层语境却仍然构筑在抽象的人本主义价值伦理悬设与批判上。直观的感性具体与本质上的非历史抽象并举，在这一逻辑情景中，马克思恰恰距离真正的历史具体即社会历史的本质和规律最远！"①

如上所述，"物质利益难题"之所以对马克思产生如此重要的震撼，是因为他在内心深处开始对黑格尔及他对信奉的国家、理性的力量产生了动摇和怀疑。之后的日子里，马克思一直将"物质利益难题"作为认识、批判进而告别黑格尔的主导型话语力量和思想资源，逐步建构起科学的历史唯物主义的理论大厦。因此，对有些学者所说的"莱茵报时期马克思对物质利益的思考和探索并不像一些学者所指出的那样仍然停留在黑格尔哲学的层面，而是具有了现实的历史的内容"的观点，笔者既有所肯定也有所保留。诚然，"黑格尔哲学"与具体的、现实的、历史的内容有着一定的距离，但是，"莱茵报时期"的马克思的哲学思想，并非完全摆脱了黑格尔影响的具有"马克思主义"精神维度的思想，而是处于在思想上意识到黑格尔的致命之处并试图开始与之告别的阶段。从根本上看，马克思开始寻求对"物质利益"难题的解决，始于1845年《关于费尔巴哈的提纲》这部被恩格斯誉为"天才世界观之萌芽"思想的诞生的著作。也就是说，1845年之前的马克思，是一个处于黎明前的黑夜中苦苦寻求告别"思辨之原罪"之正确出路的马克思。因此，1845年是马克思思想转变的至关重要的一年，也是马克思整个思想成长历程中一个具有里程碑意义的年份。众所周知，与黑格尔告别之后，马克思满怀喜悦地走向费尔巴哈，并把费尔巴哈奉为另一个新的"精神的导师"。我们在《关于费尔巴哈的提纲》中仍然能

---

① 张一兵：《文本的深度耕犁》（第1卷），北京：中国人民大学出版社，2004年，第192页。

够看到马克思对费尔巴哈的难以言表的溢美之词，虽然此时马克思已经决定与费尔巴哈告别了。在《关于费尔巴哈的提纲》中，马克思提出，以往的哲学家热衷于解释世界，而改造世界的重大任务却被他们忽视掉了。此时马克思的语境中，康德、黑格尔是他所说的"以往的哲学家"，费尔巴哈也是。在马克思看来，"实践"之社会生产生活的具体的连续建构过程，就是人类历史发生发展的真实面向。人类社会生产生活的全部历史，无不是在具体的实践之中展开的。因而，所有撇开人类社会生产生活的真实实践的"解释世界"的活动，从理论上都是无法获得更有效的生长空间的抽象话语。

在此基础上，1846 年，马克思将逐渐形成的完整的唯物史观凝练地表达在与恩格斯合著的《德意志意识形态》之中，即"人们的社会存在决定人们的意识"。① 因此，在某种意义上说，《德意志意识形态》的发表，标志着马克思主义唯物史观的正式确立，标志着"马克思主义"之"思想武器"（阿尔都塞）的真正获得。虽然身受歌德、席勒等浪漫主义、理想主义之启蒙文学的深刻影响，但是"马克思的理想主义与理想主义为基础的浪漫文学是相区别的"，因而他得出结论，马克思"能够超越传统理想主义的根本原因在于他对物质利益的关注，对劳动群众的关注"。② 这一点笔者是认同的。只是马克思对物质利益的关注与解决"物质利益难题"的时间的不同。虽然马克思从少年时期就开始了对物质利益问题的关注，而"莱茵报时期"就已经"初步确立唯物史观"。在这一点上，笔者认为马克思真正从哲学层面上对物质利益问题的关注开始于"莱茵报时期"而非少年时期，对这一难题的

---

① 《马克思恩格斯文集》第 2 卷，北京：人民出版社，2009 年，第 591 页。
② 孙熙国：《马克思对物质利益的最初关切和早期探索》，《北京航天航空大学学报》2012 年第 9 期。

解决也并非在"莱茵报时期"而是在 1845 之后彻底清算了黑格尔与费尔巴哈的唯物史观的逐步确立中。马克思毕生致力于一种"使现存世界革命化"的思想，① 认为黑格尔的主要错误在于"把现象的矛盾理解为观念中、本质中的统一"，② 因而无法给现象的矛盾找到合理的解决路径。马克思以自述的方式描述了如何从经济学研究中创立历史唯物主义的思想历程："它们根源于物质的生活关系，这种物质的生活关系的总和，黑格尔按照 18 世纪的英国人和法国人的先例，概括为'市民社会'，而对市民社会的解剖应该到政治经济学中去寻求。我在巴黎开始研究政治经济学，后来因基佐先生下令驱逐而移居布鲁塞尔，在那里继续进行研究。我所得到的，并且一经得到就用于指导我的研究工作的总的结果，可以简要地表述如下：人们在自己生活的社会生产中发生一定的、必然的、不以他们的意志为转移的关系，即同他们的物质生产力的一定发展阶段相适合的生产关系。这些生产关系的总和构成社会的经济结构，即有法律的和政治的上层建筑竖立其上并有一定的社会意识形态与之相适应的现实基础。物质生活的生产方式制约着整个社会生活、政治生活和精神生活的过程。不是人们的意识决定人们的存在，相反，是人们的社会存在决定人们的意识。社会的物质生产力发展到一定阶段，便同它们一直在其中运动的现存生产关系或财产关系（这只是生产关系的法律用语）发生矛盾。于是这些关系便由生产力的发展形式变成生产力的桎梏。"③ 用马克思自己的话来说，其哲学思想的核心观点是非常明确的，那就是，"必须推翻使人成为被侮辱、被奴役、被遗弃和

---

① 《马克思恩格斯文集》第 1 卷，北京：人民出版社，2009 年，第 527 页。
② 《马克思恩格斯全集》第 3 卷，北京：人民出版社，2002 年，第 114 页。
③ 《马克思恩格斯文集》第 2 卷，北京：人民出版社，2009 年，第 591 页。

被蔑视的东西的一切关系"。① 也正因为此，马克思完成了人类历史上一次深刻的哲学范式转换，实现了一次重大的哲学变革。

关于马克思"物质利益难题"的研究和探讨，是一个关系到如何正确认识马克思自身思想成长历程，以及马克思主义在思想脉络上如何奠基、成长和成熟的重大理论问题，也是关系到我们在中国究竟该如何正确认识马克思主义中国化的性质、意义及合理路径的选择等现实问题。因而，对这一问题的研究与探讨有着极为重大的理论意义和现实价值。笔者认为，从整体上看，虽然从早期到晚期，马克思思想中"一以贯之"的世界观，就是立志于解释世界与改造世界的统一，满怀对那个"抽象统治人"的世界的憎恨与对劳苦大众苦难的深深同情。拥有极高天赋和聪明才智的马克思毫无疑问是一个难得的哲学天才，但不可否认的是，在方法论上，马克思的思想有着一个明显的转变过程，马克思并非是一个天生的马克思主义者，其思想并非具有完全的同质性。他的思想成长特别是其"两个转变"，即从唯心主义者到唯物主义者、从民主主义者到共产主义者的转变，经历了一个对"物质利益难题"本身进行痛苦思索的过程，因而，历史唯物主义的创立是马克思思想的一个制高点，也是解决"物质利益难题"最有力的思想武器。如果忽视了这一点，就有可能模糊、回避马克思自身思想的成长历程，在理论上有夸大并"神化"青年马克思的危险与嫌疑。任何一种对马克思思想的"同质性"的做法都是无效的和非法的。

基于以上这些分析，我们对《黑格尔法哲学批判》及其"导言"的基本定位是，年轻的马克思企图以"经验唯物主义"对抗黑格尔的"历史唯心主义"。显然，此时的经验唯物主义是无法打败或扬弃历史

---

① 《马克思恩格斯文集》第 1 卷，北京：人民出版社，2009 年，第 11 页。

唯心主义的。这里的一个根本问题是，许多人认识不到，此时马克思与黑格尔的国家是不同的：前者来自经验层面，后者来自反思层面。因此从根本上说，最核心的问题就是经验唯物主义与历史唯物主义的关系问题不能被许多人所深刻认识到。马克思特别强调"事实"，从事实的角度来谈论哲学，我们称之为经验唯物主义或一般唯物主义，并以此来区别于历史唯物主义。我们认为，历史唯物主义之所以是深刻的，是因为在这里，所有的事实都是具有社会关系性的事实。然而，经验唯物主义或一般唯物主义都是将问题简单化、孤立化或片面化。从根本上看，经验性是没有反思性的，它不能透彻地看到经验事实的本质，它看到的大多是直接感知的东西。例如，我们看到一个人某个时间段在散步，但我们不能由此断言，这个人就是一个散步的人，他的职业就是散步者。但是，很显然，这个散步的人的职业绝非是散步者（且不用说是否存在这样一个职业），他可能是一个教师、学生、律师或者医生等等。因为在一整天的时间中，他只是用半个小时时间来散步，而这半个小时用来散步的时间就不能被当作反映本质的真实现象来看待。因此，马克思此时所说的"事实"固然是事实，但是他却搞不清楚"事实"的本质意义是什么。马克思说，工人就是在工厂里劳动的人。很显然，这些认识都是还未上升到历史唯物主义的、停留于经验层面的认识。20世纪40年代，海德格尔在《关于人道主义的一封信》中批判萨特时曾经说："颠倒的形而上学还是形而上学。"这句话用于批判这个时期的马克思也同样适用。

回到现实生活本身是触及现实的最为直接的方式。以费尔巴哈的唯物主义为方法论基础来展开对黑格尔唯心主义思辨哲学的批判，马克思的基本立场无疑是正确的。然而，仅仅借助于费尔巴哈的人本学理论，以一般唯物主义来对抗黑格尔的历史哲学,此时的马克思显然未能真正将黑格尔驳倒,因为人本主义哲学逻辑建构起来的关于"人"的哲学,归根到底是一种脱离现实社会历史发展矛盾运动的法权唯物主义立场。因为从根本上说,"马克思对黑格尔的辩证法的领悟与批判是一个不断深化的过程,我们不能在马克思还没有能力完全把握黑格尔辩证法的精髓的时候,就说他已经接受了黑格尔哲学中的决定性思想了"。①

---

① 唐正东:《马克思恩格斯哲学原著选读》,北京:北京师范大学出版社,2010年,第35页。

第三章

人本主义异化史观的逻辑建构：
《1844年经济学哲学手稿》的深层解读

英国学者戴维·麦克莱伦在《马克思传》中，借用马克思的朋友卢格的描述，给我们展现了1844年马克思读书和工作时的基本状态："他读了很多书，工作异常勤奋。他有批判的天分，有时这种天分会坠入纯粹的辩证法游戏，但他从没有做成任何一件事——他会中断任何研究陷入新的书籍海洋……他比以前任何时候都更兴奋、更激烈，特别是当他工作病倒，连续三夜，甚至四夜都没有休息时更是如此。"① 而且，"在妻子和孩子离开期间，马克思作了内容丰富的关于古典经济学、共产主义和黑格尔著作的笔记。这些文献以《1844年经济学哲学手稿》或《1844年手稿》为人所知"。② 最早写作马克思传记作家的梅林，都不知道这部手稿的存在。直到20世纪20年代，在苏联莫斯科马克思恩格斯研究院院长梁赞诺夫的努力下，《马克思恩格斯全集》的编撰工作才开始，并持续多年。在这种情况下，许多散落遗失的手稿包括《1844

---

① ［英］戴维·麦克莱伦：《马赛克传》，王珍译，北京：中国人民大学出版社，2016年，第98页。

② ［英］戴维·麦克莱伦：《马赛克传》，王珍译，北京：中国人民大学出版社，2016年，第98页。

年经济学哲学手稿》才得以被找到。在西方学界，很多学者一度是不重视青年马克思的这部手稿的，认为它充满着费尔巴哈的哲学基调，属于不成熟的青年马克思所记录的一点读书笔记。这个状况从卢卡奇开始得到了改变。作为一位著名的文学爱好者和作家，卢卡奇同许多存在主义者一样，对人的存在问题给予深切关注与深度同情，对现代社会对人的本质的操纵深恶痛绝。他曾经断言，青年马克思应该有一个物化的人道主义思想阶段，这一思想体现在他 1923 年的著作《历史与阶级意识》当中。因此，20 世纪 30 年代，当流亡到苏联的卢卡奇阅读到了《1844 年经济学哲学手稿》的时候，他非常震惊和感慨，他的"物化"概念，竟然与青年马克思的"异化"概念，有着如此的相同之处。这一发现也让卢卡奇声名大噪起来，并深深地影响了近乎半个世纪的西方马克思主义的发展历史。正是在不断解决矛盾的过程中，马克思的思想才一步步走向深入。

1843 年 10 月，马克思开始研读政治经济学著作，并积极吸收一些左派理论家的思想和观点。之后，于 1844 年 5 月底至 8 月，他写作了《1844 年经济学哲学手稿》这部对资产阶级政治经济学进行研究的摘录性的批判性著作。从之前的论述中我们知道，1843 年年底，马克思就开始明确地站在无产阶级的立场了。在《黑格尔法哲学批判》中，马克思虽然批判了黑格尔对于市民社会与国家之间的关系，得出了市民社会决定国家的一般唯物主义的结论，但是由于德国市民社会自身的发展还不充分，马克思并没有展开对于市民社会的深入研究。伴随着马克思对英、法政治经济学研究的不断推进，以及法国社会主义工人运动的不断发展，他才开始逐渐深化对于典型意义上的市民社会内涵的研究。因为在此时，马克思还不能从资本主义生产的内在矛盾的视角来认识市民社会的内涵，而只能从"物"的私有财产的角度来理解市民社会，因此可以说，这时马克思对于市民社会也即资产阶级社会的认识还处于起步阶段。换句话说，马克思关注的重心已经不再是写作《黑格尔法哲学批判》时所关心的市民社会与国家之间的关系问题了，而是把重点放在市民社会自身的内涵上了，无疑，这是马克思自身在"市民社会"研究问题上的一种有效推进。因此可以说，《1844年经济学哲学手稿》是马克思对于1843年写作的《黑格尔法哲学批判》及其"导言"中人本学唯物主义理论的进一步推进，在马克思哲学思想发展历程中具有极为重要的地位。马克思在这部著作中提出了异化劳动理论与共产主义观等重要内容，实现了人本主义唯物论与现实私有制批判的嫁接，这使得马克思的人本主义批判逻辑与费尔巴哈的人本学唯物主义划出了清晰的界限，也在客观上促使马克思一步步靠近历史唯物主义理论，因为在这里，人本学唯物主义已经与现实的私有制批判联系起来了。

在克罗茨纳赫时期，马克思就已经意识到，费尔巴哈的人本主义异化论对于批判宗教和思辨哲学有着极为重要的意义，但在当时，他还没有认识到这种异化论对于批判市民社会现实经济生活的重要性。之后，由于受到恩格斯的《国民经济学批判大纲》、赫斯的《社会主义和共产主义》《行动的哲学》以及《唯一和完全的自由》等的影响，马克思开始认识到，费尔巴哈的人本主义异化论其实同样适合批判资本主义生活，因此，马克思此时的认识水平还无法超越人本主义思路。在此，马克思选择了"国民经济学"这一批判对象，并希望以此完成对黑格尔法哲学的彻底批判。但是，由于将革命的主要动力停留于观念意识的层面而无法跃迁到社会经济条件的层面，马克思此时无法获得历史唯物主义的世界观和方法论。对于马克思来说，由历史唯心主义而转变到一般唯物主义的立场，毕竟是他逐渐摆脱唯心主义而走向唯物主义的新起点。

《1844 年经济学哲学手稿》是由"序言"和三个笔记本组成的，其中"笔记本 I"较为完整，是马克思关于工资、资本的利润、地租的摘录与评注，以及他立足于人本学唯物主义立场展开的对于资本主义现实私有制的异化劳动的批判，其关注的中心问题是现实的个人的感性生命活动本身。"笔记本 II"是一个残缺的手稿，主要内容是对于私有财产关系的分析和批判，基本理论视角仍然是人本主义。"笔记本 III"是马克思自己读书的心得和笔记，是对"笔记本 II"的补充，主要内容是对于"共产主义"以及黑格尔辩证法的解读，还有对于分工、货币、私有财产以及需要的理论论述。然而，一直以来，对于马克思的《1844 年经济学哲学手稿》，传统的斯大林框架体系下的教科书一般将其完全视为马克思尤其是思想成熟时期马克思的观点的代表。其实，《1844 年经济学哲学手稿》中马克思所讨论的核心概念如异化、异化劳动到了 1846 年的《德意志意识形态》中已经被一些新的话语群如生产、物质、交往等所取代。真正的哲学反思必须是建立在坚实的文本研究的基础之上的。胡塞尔之所以被认定是现代意义的哲学家，其根本原因在于，他的"回到事物本身"的现象学的进入事物的方式，要求我们把自己头脑中先前已有的东西暂时悬置起来，去面对事物/文本本身，学会在某一个阶段里"放弃自我"原有的东西。

一、有利有弊：从国民经济学出发来思考私有财产的双重逻辑后果

在《手稿》中，马克思通过对国民经济学的批判性研究，逐渐获得了对工业与工业社会本质的清晰认识。我们看到，在对斯密、萨伊等人的讨论和批判性解读中，马克思确认并肯定了工业发展的现实力量。通过对机器大工业发展的研究，马克思看到，整个市民社会日益分裂为两大对立阶级：资本家和工人，而且也看到了无产阶级在整个人类解放过程中的主体地位。伴随着对人的解放思想研究的逐步深入，马克思开始对现实的人及其历史发展的问题进行关注。

　　紧接着，通过认真细致地阅读费尔巴哈，尤其是读了费尔巴哈的《基督教的本质》一书之后，马克思对费尔巴哈哲学产生了更加深入的认识，而且，马克思一度成为一名"费尔巴哈热"的狂热分子。青年马克思、青年恩格斯等人沉浸在一片欢腾之中："魔法被破除了，'体系'被炸开并被抛在一旁了，矛盾既然仅仅是存在于想象之中，也就解决了。——这部书的解放作用，只有亲身体验过的人才能想象得到。"① 费尔巴哈告诉我们，那些被我们视为高高在上的上帝，其实就是我们自己的本质的虚幻反映而已；不是高高在上的造物主创造了我们，而是我们创造了上帝。马克思认为："费尔巴哈的伟大功绩在于：（1）证明了哲学不过是变成思想的并且经过思考加以阐述的宗教，不过是人的本质的异化的另一种形式和存在方式；从而，哲学同样应当受到谴责；（2）创立了真正的唯物主义和现实的科学，因为费尔巴哈使'人与人之间的'社会关系成了理论的基础原则；（3）他把基于自身并且积极地以自身为基础的肯定的东西同自称是绝对的肯定的东西的那个否定之否定对立起来。"② 在马克思看来，费尔巴哈的成绩就在于把黑格尔弄颠倒的东西重新颠倒了过来，"扬弃了无限的东西，设定了现实的、感性的、实在的、有限的、特殊的东西（哲学，宗教和神学的扬

---

① 《马克思恩格斯选集》第4卷，北京：人民出版社，1995年，第222页。
② 《马克思恩格斯全集》第42卷，北京：人民出版社，1979年，第158页。

弃)"。① 无神论的出现,无疑对德国正统学术界产生了挑战,意味着开始对德国现实进行直接的批判。因为对宗教的批判绝不是一个理论问题,而是一个实践问题。人们首先只有摆脱了宗教的束缚,才能真正开始关注世俗的人的生活。因此,对人本身的关注,对世俗生活的思考,就成为德国哲学的一股新思潮。

在《手稿》中,青年马克思对国民经济学家们进行了猛烈的批判,用哲学的眼光审视了他们的抽象经济学。我们知道,马克思历史观的方法论基础是以英国古典政治经济学为代表的资产阶级政治经济学。一般说来,古典政治经济学所讨论的前提是资本主义社会产生后的经济生活现实,以及资本主义社会里人与人之间的关系,这种关系是非直观的。如果我们在方法论上进入这一点,就会认识到,我们需要把握和认识马克思绝不是要求我们记住马克思的某个论断或结论,而是要从根本上把握他研究问题的方法。马克思哲学不是体系哲学,他从来不热衷于哲学体系的宏大建构,其哲学最核心的内容就是方法论。这种方法论是基于移动观点、立场和方法之上的方法,而不是定论。而在《手稿》里,马克思从古典经济学的私有财产的事实出发,认为人与人的关系被物化了,即人与人的关系变成了物与物之间的关系。基于人性的角度出发,马克思对私有财产的合理性展开了怀疑与批判。需要指出的是,与马克思不同,古典政治经济学家例如亚当·斯密的基本理论视角不是人性,也不是批判资本主义的立场,而是从私有财产的事实出发,来研究既有的经济社会现实,关注劳动、资本、土地、工资、地租、利润、竞争等内容。马克思认为,这种做法是把一些需要推论和证明的东西当成不证自明的东西来看待。古典经济学家之所以会这么做,正是因为他们的出

---

① 《马克思恩格斯全集》第42卷,北京:人民出版社,1979年,第158页。

发点就是将资本主义指认为一个天然的、合理的社会形态，而不是一个需要批判和反思的社会形态。无疑，此时的马克思对于古典经济学家的做法是鄙视的。马克思看到了"工人的劳动产品越来越多地从他手中被拿走，工人自己的劳动越来越作为别人的财产同他相对立，而他的生存资料和活动资料越来越多地积聚在资本家手中"。① 他甚至还明确地谈到了"工资决定于资本家和工人之间的敌对的斗争"的观点。② 但青年马克思由此得出的结论却只是"工人日益完全依赖于劳动，依赖于一定的、极其片面的、机器般的劳动"。③

在黑格尔的体系中，"逻辑学是精神的货币，是人和自然界的思辨的思想的价值——人和自然界的同一切现实的规定性毫不相干的、因而是非现实的本质，——是外化的因而从自然界和现实的人抽象出来的思维，即抽象思维"。④ 这种抽象本质的外化和异化就是现实自然界和人类社会。最后，通过人的思维的本质抽象（还不是自身的人类学、现象学、心理学、伦理学、艺术和宗教），这个观念的"货币"穿透感性现实的一切物质存在，"回到自己的诞生地"——绝对精神。⑤ "它的现实存在就是抽象。"⑥ 因此，马克思指出，由于"黑格尔站在现代国民经济学家的立场上。他把劳动看作人的本质，看作人的自我确证的本质；他只看到劳动的积极的方面，而没有看到它的消极的方面"。⑦

《1844 年经济学哲学手稿》的第一个笔记本是"异化劳动和私有财

---

① 《马克思恩格斯全集》第 3 卷，北京：人民出版社，2002 年，第 228 页。
② 《马克思恩格斯全集》第 3 卷，北京：人民出版社，2002 年，第 223 页。
③ 《马克思恩格斯全集》第 3 卷，北京：人民出版社，2002 年，第 228 页。
④ 《马克思恩格斯全集》第 42 卷，北京：人民出版社，1979 年，第 160 页。
⑤ 《马克思恩格斯全集》第 42 卷，北京：人民出版社，1979 年，第 160 页。
⑥ 《马克思恩格斯全集》第 42 卷，北京：人民出版社，1979 年，第 161 页。
⑦ 《马克思恩格斯全集》第 42 卷，北京：人民出版社，1979 年，第 163 页。

产"。这部分我们需要着重思考的一个问题是：马克思是否自以为读了国民经济学之后自己的研究就很实证了？如果答案是肯定的，那么，由此带来的一个麻烦问题或理论困境就是，马克思把国民经济学中的一些概念本身直接拿来当作国民经济学的理论体系看待。换句话说，这时的价值、劳动等概念，在青年马克思眼里还没有获得深厚的历史背景，还是一个历史过程中的概念，这时的价值交换，其实就是马克思后来在《1857—1858 年经济学手稿》中所批判的"鲁滨逊类的故事"，交换者本身是"被斯密和李嘉图当作出发点的单个的孤立的猎人和渔夫"。①年轻的马克思此时没有别的更好的办法可以选择，他只有通过国民经济学的这一层次到达哲学的第二层次。在这里，国民经济学有助于促进历史唯物主义的产生，但同时又阻碍了历史唯物主义的产生，从国民经济学出发到达历史唯物主义，这种做法对马克思的影响是双重的，因为如果没有前者，马克思迈向历史唯物主义的道路还很遥远；另一方面，正是因为国民经济学的阻碍，使得马克思此时要想超越它也就显得特别困难。

事实上，《1844 年经济学哲学手稿》里还有一个非常重要的问题就是劳动与生产的关系问题。当前学术界关于"劳动"的提法很多，比较典型的是奈格里、哈特提出的"非物质劳动"概念，被用于与马克思的"物质劳动"概念相抗衡。他们认为，马克思在《资本论》中关于劳动的说法即雇佣劳动、谋生劳动以及异化劳动的说法是有问题的，因为真正在人类社会发展中起固定作用的是劳动自身张力的凸显，如"非物质劳动"。例如，福特公司将 75% 的精力都放在信息的应用上，只把 25% 的精力放在技术的研发上。哈特就此指出，整个资本主义社会

---

① 《马克思恩格斯选集》第 2 卷，北京：人民出版社，1995 年，第 1 页。

中的劳动其实只是劳动的一个微小存在,即"活劳动"(living labour)。在这一意义上,哈特对生产力的概念也有了新的理解,他从人的主体能力的角度来解读生产力,而不是从古典经济学惯有的视角去认识生产力。面对哈特的这一质疑,我们需要思考的问题是:人从"自由自觉的劳动"到"活劳动"的转变中到底发生了什么?"自由自觉的劳动"与"活劳动"之间到底是什么关系?"活劳动"的线索在资本主义生产过程中到底起了什么作用?一旦将研究的视角打开,就会发掘到或发现之前看不到的一些东西。

回顾来看,从分配关系进入到生产关系,古典经济学家们并没有追问这一过程的实质,认为这只是一种分割,或者只是将分配问题和交换关系结合起来思考,认为分配问题就是一种交换关系。对此,我们需要进一步追问:地租、利润、工资究竟是怎样产生的?如果放弃了对这一问题的追问与思考,也就不能上升到狭义的生产关系的高度来认识资本主义社会自身,而只能停留在政治经济学所狭隘强调的生产、分配、交换、消费等概念上。例如经济学家萨伊的生产概念更多强调的就是生产过程。当然,萨伊的生产概念只是解释或说明了一样东西究竟是怎样生产出来的,它充其量只是研究了生产者作为个人的存在的个人关系,而无法上升到马克思哲学语境中的那个生产关系作为根基的社会关系的层面。或者说,在萨伊这里,劳动者只是一个被工资量化了的存在,在劳动者身上看不到工资之外的社会关系。劳动、资本、土地等都变成了劳动者,且是用工资来表述的劳动者。对于分配关系问题的思考决不能仅仅局限于分配关系本身,而需要借助于生产关系才能准确理解和把握。

政治经济学的研究给马克思带来了益处,也带来了困扰。此处的"实践"主要指的是人的"对象化的劳动"。纵观马克思一生的哲学思想，他很少会对某一个概念进行界定。因为在马克思那里，同一概念在其哲学研究的不同时期、不同发展阶段所具有的含义都是不同的。例如"实践"概念就是如此。原初用来指称"人和自然界的关系"的"实践"后来又被认为是一种"幽灵般"的存在了。举例说，我今天中午究竟去哪里吃饭，这一纯粹的带有很大随意性的个人的或私人的行为不会对社会过程产生实质性影响，因为这一行为里确实没有多少社会关系的内容在里面。因为从深层次上看，马克思此时对劳动者物化的批判，其实是以三分之一的视角来批判的，而未能从三者完整的视角来对待。这种单一的批判视角是无法深入的，原因在于此时马克思不能说明劳动者与劳动产品相分离的实质。殊不知，资本主义社会的货币制度恰恰是浮现在社会表层的东西，因而需要我们深入到社会生产关系的层面即私有制的层面来解读国民经济学的诸多概念。因此，马克思此时所说的"经济事实"不可能触及资本主义生产关系的实质。也就是说，在这里，马克思只是延续了他在《德法年鉴》时期的那个站在工人阶级政治立场批判物化现实的做法，即仍然把劳动当作"工资化的劳动"。他没有进一步思考：人为何变成了工人？人为何成了一个"领工资的人"？面对着劳动、工资、土地、利润、地租等，马克思此时无法将它们完整地联系起来进行思考，毋宁说，他只是紧紧抓住了劳动和工资的表象来思考，从而采取了一种对劳动本身的外在的批评。此时，劳动附着了一个概念即"异化劳动"，并由此产生了一个对立性概念："自由自觉的劳动"。因此，马克思因为无法回答劳动为什么会与资本相对立的实质，因而也就无法深入到生产关系的实质中去看问题。其实，这种认识和斯密、萨伊等人是没有多大区别的。由于马克思与古典经济学家研究现实经济社会的起点处是不同的，导致他与古典政治经济学家的理论视野也是不同的。因此可以说，正是因为对古典经济学家们眼中的资本主义私有财产合理性的怀疑和反思，马克思开始一步一步朝着历史唯物主义的方向迈进，这无疑有助于马克思能够在后来的日子里获得深刻的洞察资本主义社会的科学理论。

在写第二本笔记本之前，马克思已经开始阅读李嘉图、斯密等经济学家的著作，且对李嘉图的著作有很多批注。在《哲学的贫困》中，马克思说李嘉图把人变成了"帽子"，并紧接着说，这不是李嘉图的错，而是现实社会的错。人的劳动本身是有价值的，因而，这时的"帽子"其实就是一个"商品人"。在我们看来，"商品人"实际上是一个很特殊的概念，它表明了马克思此时还不能从商品关系本身出发去理解人的困境以及解放的路径，而只是从人性的角度来完成对资本主义社会的批判。他的理论水平还没有达到或上升到历史的高度。可以说，在异化的道路上，李嘉图和穆勒比萨伊更进一步，而这时的马克思可以说是一个从斯密到李嘉图的马克思。后来的马克思之所以能够透过现象而看到了历史深层次总表象所看不到的东西，就在于他认识到了历史的重要。方法之所以重要，就在于它的深刻。有了历史感，历史唯物主义就能够深入到社会生产关系的深层次当中去。缺失了正确的方法论，再怎么折腾都是徒劳的。因此，历史唯物主义的重要性就在于它开启了历史性的东西。自从历史观进入马克思的逻辑思维中去后，历史的线索被引了进来。但是请注意，这时马克思的历史观还不是历史唯物主义的历史观，毋宁说，它仍然只是人本主义视阈下的异化的历史观："通过实践创造对象世界，改造无机界，人证明自己是有意识的类存在物，就是说是这样一种存在物，它把类看作自己的本质，或者说把自身看作类存在物。诚然，动物也生产。动物为自己营造巢穴或住所，如蜜蜂、海狸、蚂蚁等。但是，动物只生产它自己或它的幼仔所直接需要的东西；动物的生产是片面的，而人的生产是全面的；动物只是在直接的肉体需要的支配下生产，而人甚至不受肉体需要的影响也进行生产，并且只有不受这种需要的影响才能进行真正的生产；动物只生产自身，而人再生产整个自然界；动物的产品直接属于它的肉体，而人则自由地面对自己的产品。动物只是按照它所属的那个种的尺度和需要来构造，而人却懂得按照任何一个种的尺度来进行生产。"① 人又不仅仅是自然存在物，"而且是人的自然存在物，也就是说，是为自身而存在着的存在物，因而是类存在物。他必须既在自己的存在中也在自己的知识中确证并表现自身"。② 因此，马克思说："在黑格尔那里，否定的否定不是通过否定假象本质来确证真正的本质，而是通过否定假象本质来确证假象本质，或者说，来确证自身异化的本质。"③

二、异化劳动：以经济学概念来注释人本主义思路的现实指向

在《1844 年经济学哲学手稿》中，马克思对黑格尔哲学的历史性内涵作了非常著名的评论："黑格尔的《现象学》及其最后成果——辩证法，作为推动原则和创造原则的否定性——的伟大之处首先在于，黑格尔把人的自我产生看作一个过程，把对象化看作非对象化，看作外化和这种外化的扬弃；可见，他抓住了劳动的本质，把对象性的人、现实的因而是真正的人理解为他自己的劳动的结果。"④ 马克思对劳动异化问题的说明分成了两个方面，一个是劳动产品，一个是劳动过程。因

① 《马克思恩格斯文集》第 1 卷，北京：人民出版社，2009 年，第 162—163 页。
② 《马克思恩格斯全集》第 42 卷，北京：人民出版社，1979 年，第 169 页。
③ 《马克思恩格斯全集》第 42 卷，北京：人民出版社，1979 年，第 172 页。
④ 《马克思恩格斯全集》第 3 卷，北京：人民出版社，2002 年，第 319—320 页。

此，马克思此时还没有进入深层领域，只是以经济学概念来注释他的人本主义思路。特别是在第一章中，政治经济学的概念还未能触动他，他未能越出那个门槛。首先看劳动产品的异化。这个问题较容易理解。马克思认为，"工人中产品的直接关系"相对应的是货币关系。马克思生气的地方在于，工人连自身创造的物质财富都拿不到，还需要通过货币去购买。我们认为，此时的马克思看到了资本主义社会的现象（劳动、工资、土地、地租、利润），但不能从资本主义生产关系出发去理解这些现象，只是抓住了劳动与工资这两个问题来认识，用工资来表现劳动。马克思认为，人的劳动本来是很积极的事情，然而工人的劳动却要通过工资来表示，这是一件很丢人的事情。因此可以说，马克思此时并没有思考工人的境遇"为什么"会这样，只是一味地批评这种情况的"不应该"，认为现实的人应该拥有丰富的生命，而不应该被异化劳动所束缚。这种从人本主义视角出发思考问题的做法，从根本上不能把问题的实质挖掘出来。实际上，伦理学从根本上说从不回答问题，而是立足于剖析问题，从理论上分析"为什么"会出现这样一种现象而未出现另一种现象。如果仅仅站在倡导某种价值立场的视角，就难免成为"伦理人本主义"者。"伦理人本主义"不是将事物的现象置于社会历史观的维度上来思考问题，终究是一种肤浅的认识。因此，我们坚持认为，伦理学上不能缺失社会历史观的思考。例如，我们也许会看到一个衣衫褴褛、可怜巴巴的乞丐在地铁上乞讨，但是，在他可怜兮兮的现象背后，很可能隐藏着其锦衣玉食的奢华生活现实，或者可以说，伦理人本主义者只是倡导乞丐不要在地铁上乞讨，而不去追问和回答乞丐"为什么"不能在地铁上乞讨的实质。当前的伦理学研究领域呈现出一个危险的信号，就是企图以伦理人本主义取代社会历史观，这是有问题的。其实,经济学上的"生产"与哲学上的"生产"概念是不同的。具体说来,前者主要是指"生产过程",后者主要是指"生产方式的矛盾性"。一旦能够从经济学视阈中突破出来而跨入哲学思维的领域,问题的实质就会逐步得以澄明。其次是劳动过程的异化。这是异化的第二个方面。可以说,马克思此时所理解的劳动过程是指现象层面用工资来表现出来的劳动过程,只是附在劳动表面的劳动。显然,马克思此时只是围绕着对象化劳动的外化、理想中的劳动而展开其理论思考的,此时的他还不能深入到剩余价值的剥削即历史唯物主义的深层次话语中来谈论劳动的本质内涵。据考证,在《资本论》中,"异化"一词虽然也出现了几次,但必须看到,它只是在表述资本主义社会现象时才使用的。也就是说,此时的"异化"不是马克思研究问题的视角,而只是用来表述现象。"异化"是用来表明对于人的自由自觉活动的人的本性的一种摧残,人在劳动中成为外在的东西。毋宁说,此时马克思研究的视角已经是历史唯物主义了。遗憾的是,中国国内理论界的一些学者简单地声称马克思一生都在使用"异化"概念,这显然是有问题的。

"实践的活动即是劳动的异化行为"意味着,人是类存在物,他也是有意识的存在物,人同他人相异化。"人同自身相对立的时候也同他人相异化",即是说,人同自己的关系只有同他人相联系即通过他人才能表现出来。我的劳动过程只有通过他人来购买这一劳动过程才能体现出来。因而,人的劳动过程不是飘浮在空中的,只有通过自我与他人的关系才能表现出来。"alienation"的最初含义是"疏远",它由卢梭最早提出,后经黑格尔将其发展为"外化"。在《1844年经济学哲学手稿》这里,通过人与他人的关系,异化才可能成为异化自身。

对于异化劳动,马克思最为集中最为典型的表述是:"他在自己的劳动中不是肯定自己，而是否定自己，不是感到幸福，而是感到不幸，不是自由地发挥自己的体力和智力，而是使自己的肉体受折磨、精神遭摧残。因此，工人只有在劳动之外才感到自在，而在劳动中则感到不自在，他在不劳动时觉得舒畅，而在劳动时就觉得不舒畅。因此，他的劳动不是自愿的劳动，而是被迫的强制劳动。因此，这种劳动不是满足一种需要，而只是满足劳动以外的那些需要的一种手段。劳动的异己性完全表现在：只要肉体的强制或其他强制一停止，人们就会像逃避瘟疫那样逃避劳动。"① 在此基础上，马克思指出："共产主义是对私有财产即人的自我异化的积极的扬弃。"② 而且，更为重要的是，"自我异化的扬弃同自我异化走的是一条道路"。③ 在费尔巴哈那里，"社会"是用来代表"类"的一个概念。现代意义上的"社会"不是从政治的、伦理的社会关系中演化而来的。从词源上看，"社"表示"结社"，"会"是指"小刀会"，其组合模式是宗族性的和伦理性的。因此，"社会"这一概念是与近代工业文明紧密联系在一起的概念。"私有财产"就是"人的自我异化的扬弃"，"私有财产"的基本内涵就是"物"。此时的马克思还看不到，私有财产主要表征的是私有财产的"关系"，代表着私有财产走向主体的自由自觉的回归。人与人的关系不是孤立的，那么，人与物的关系也是紧密相连、无法脱离开来的。扬弃私有财产的结果就是"人如何生产人"。在这里，"个性"与"类本性"是同一的东西。能够体现个性的对象的东西就是属于社会的本性的东西。个人的存在也就是类的存在。"笔记本Ⅲ"是对"笔记本Ⅱ"的补充。之后，在"笔记本Ⅲ"的第一篇"私有财产和劳动"里，马克思又指出了"私有

---

① 《马克思恩格斯文集》第1卷，北京：人民出版社，2009年，第159页。
② 《马克思恩格斯文集》第1卷，北京：人民出版社，2009年，第185页。
③ 《马克思恩格斯文集》第1卷，北京：人民出版社，2009年，第182页。

财产"与"劳动"处于一种犬牙交错的状态。我们必须看到，虽然此时马克思的历史感被挖掘了出来，但是他仍然在谈论异化，并且在异化的道路上走得更远，最终走向一种彻底的异化。现实历史感使得马克思的思想发生了重大变化，尽管他此时对于"私有财产与劳动"的理解还不够深刻，但毕竟有了历史感的思路。承认这一点，对于我们能够更加准确地理解后面《1844年经济学哲学手稿》的核心思想尤为重要。

三、人与人之间关系的异化：人与物（私有财产）的关系异化的实质

青年马克思在《1844年经济学哲学手稿》的序言中这样写道："对国民经济学的批判，以及整个实证的批判，全靠费尔巴哈的发现给它打下真正的基础。从费尔巴哈起才开始了实证的人道主义和自然主义的批判。"[①] 显然，正是借助于费尔巴哈的人性观作为自己研究经济学与哲学的理论基础，青年马克思才展开自己关于国民经济学的思考的。然而，在当前的学术界，有人却将马克思《穆勒评注》中的"异化"视为"社会交往"层面的异化，认为此时的马克思相对于1844年写作经济学哲学手稿时的马克思来说是一种进步，其理由是，马克思由对"私有者的异化"上升到"私有关系的异化"，因而是一种研究范式的重大转换，认为在《1844年经济学哲学手稿》中，异化逻辑主要表现为：（孤立的）人←→物（劳动产品）→孤立的人的异化逻辑；而在《穆勒评注》中，异化逻辑主要表现为：人与人的关系←→私有者与私有者关系的异化。然而，马克思在1844年写作经济学哲学手稿时，已经认识到"交往异化"的内涵了。在马克思看来，所谓"交往异化"，其主要反映的是人同产品的异化，以及人同生产自身的异化。在这一文

---

① 《马克思恩格斯文集》第1卷，北京：人民出版社，2009年，第112页。

本中，马克思已经非常清楚地指出了物－人的异化必然也必须通过人与他人的关系才能表现出来。虽然从表面上看，马克思只是在谈论物的异化、人的异化问题而没有提及"关系"的异化问题，其实不然。马克思此时最深刻、最精彩的思想就在于认识到了人与物的异化的实质其实是人与人之间关系的异化。马克思曾经使用过一个非常形象的比喻："忧心忡忡的、贫穷的人对最美丽的景色都没有什么感觉；经营矿物的商人只看到矿物的商业价值，而看不到矿物的美和独特性；他没有矿物学的感觉。"① 对于国民经济学家们来说，他们每天思考的首要问题是财富如何增长，如何尽快地积累财富，并为这种增长做出合理的解释。因为他们把劳动价值论奉为最高的经济原则，把经济规律视为社会发展的普遍规律，私有制、资本、地租等都是合理的，因为都可以带来财富的不断增长，至于为什么在财富的不断增长过程中却带来了一部分人的穷困，则不是他们要思考的问题。然而，青年马克思却看到了这一点，看到了国民经济学的问题之所在，并对此进行了批判："国民经济学从私有财产的事实出发。它没有给我们说明这个事实。它把私有财产在现实中所经历的物质过程，放进一般的、抽象的公式，然后把这些公式当作规律。它不理解这些规律，就是说，它没有指明这些规律是怎样从私有财产的本质中产生出来的。"② 国民经济学看重的是财富增长本身，而不去思考这些财富是如何产生的，以及这些财富不断增长之后的后果是怎样的。正因为关注到了资本家与工人的不同境遇问题，马克思在手稿中已经有了关系异化这个概念，只是没有正式提出来罢了。因此，"关系异化"不是到了《穆勒评注》时才提出的。《1844 年经济学哲学

---

① 《马克思恩格斯文集》第 1 卷，北京：人民出版社，2009 年，第 192 页。
② 《马克思恩格斯全集》第 3 卷，北京：人民出版社，2002 年，第 266 页。

手稿》中马克思已经看到了关系异化的客观事实。它明确指出，人与物的关系只有通过人与人的关系才能表现出来。因此，马克思告诫人们，要换个眼光看问题，"不要像国民经济学家那样，当他想说明什么的时候，总是置身于一种虚构的原始状态。这样的原始状态什么问题也说明不了。国民经济学家只是使问题堕入五里雾中"。① 立足于"虚构的原始状态"来看问题，不去思考这些原始状态的前因后果，因此所看到的事物都是抽象的、没有说服力的。正是在这种情况下，马克思强调说："我们从当前的经济事实出发吧：工人生产的财富越多，他的产品的力量和数量越大，他就越贫穷。工人创造的商品越多，他就越变成廉价的商品。物的世界的增值同人的世界的贬值成正比。"② 马克思看到，在资本主义社会里，一个不争的经济事实就是，工人生产的财富越多、劳动的数量越多，他就越贫穷，这个事实与国民经济学所强调的"和谐"并不一致。物越增值，人就越贬值，这样荒唐、奇怪的事情为什么会发生呢？这是马克思之后一直努力想要探索清楚的核心问题。对象性是私有制造成的结果，同时，又是人与人、人与物之间相互依存的关系。也就是说，对象性一方面是私有制的产物，一方面又是人的真实生活状态。然而，在资本主义社会里，私有制破坏对象性关系的全面性，成为片面的私人的占有。马克思希望借助这个概念来谈论资本主义的现实。

从马克思后来的思想发展历程来看，他主要遵循着"交往异化"→"分工"→商品→市民社会→现代性批判的思路来展开对资本主义社会的批判。青年马克思在《1844年经济学哲学手稿》中所强调

---

① 《马克思恩格斯全集》第3卷，北京：人民出版社，2002年，第267页。
② 《马克思恩格斯全集》第42卷，北京：人民出版社，1979年，第90页。

的人与物的"异化"关系，后来逐渐延伸到历史唯物主义语境下的剩余价值的"剥削"关系。即是说，在马克思那里，人与人之间的关系线索不只是一条线索，它反映出的是人与物的异化事实，因而不是终极的存在概念。因为从根本上看，人与物的异化关系只有通过人与人的异化关系才能表现出来。实际上，马克思正是从"异化"话语出发一步一步达到对资本主义生产的深刻认识的，主要表现为（"对象化"的）"异化"→（社会生产的）矛盾→（剩余价值的）剥削→（阶级）斗争的思想认识路线。马克思认为，在私有制的统治下，人处于异化当中，这是资本主义社会最直接的社会现实："私有财产不过是下述情况的感性表现：人变成对自己来说是对象性的，同时，确切地说，变成异己的和非人的对象……同样，对私有财产的积极的扬弃，就是说，为了人并且通过人对人的本质和人的生命、对象性的人和人的作品的感性的占有，不应当仅仅被理解为占有、拥有。人以一种全面的方式，就是说，作为一个总体的人，占有自己的全面的本质。人对世界的任何一种人的关系——视觉、听觉、嗅觉、味觉、触觉、思维、直观、情感、愿望、活动、爱，——总之，他的个体的一切器官，正像在形式上直接是社会的器官的那些器官一样，是通过自己的对象性关系，即通过自己同对象的关系而对对象的占有，对人的现实的占有；这些器官同对象的关系，是人的现实的实现（因此，正像人的本质规定和活动是多种多样的一样，人的现实也是多种多样的），是人的能动和人的受动，因为按人的方式来理解的受动，是人的一种自我享受。"① 从这段文字可以看出，青年马克思认为，客观事实是，每个人原本具有丰富的感受力，但是如果金钱成为他所疯狂追求的对象时，那么这种丰富性的感受力就会

---

① 《马克思恩格斯全集》第 3 卷，北京：人民出版社，2002 年，第 302—303 页。

丧失，私有制是破坏这种对象性关系的罪魁祸首。同时，青年马克思对于私有财产与对象性的关系有着清晰的认识。一方面，私有制引发了对象性的关系的产生，另一方面，人与人之间、人与物之间的关系是相互依存的。正是借助于这个对象性概念，马克思得以不断批判资本主义社会的现实。人同他所拥有的对象性之间的共存性，导致了功利性的发生，从而破坏了丰富的感受力，使物成为极其片面的私有的占有物。因此，青年马克思所要批判的，正是人与人、人与物之间的对象性关系的功利性质。他希望人与人、人与物之间达到一种无功利性的关系，也即那个自由人的联合体的共产主义社会。

在《1844 年经济学哲学手稿》的结尾部分，马克思通过人本学的异化劳动思路，得出了"私有财产"的概念。请注意，这里的"私有财产"不是指私有的内容，而是指私有财产的异化，也即人与人之间关系的异化，是人与私有财产之间关系异化的实质。此时的马克思对于"私有财产"究竟反映了什么样的社会矛盾并不十分清楚。在对"私有财产"的概念解读上，蒲鲁东对马克思的影响很大。当时的马克思经常与蒲鲁东彻夜长谈，其思想不受蒲鲁东思想的影响应该是不现实的。蒲鲁东认为，所谓的"财产"就是"盗窃"，他因此极力反对私有化。明白了这一点，就会更加清楚地认识到，马克思此时对私有财产的批判本身并不稀奇。当前学界对于布鲁诺·鲍威尔、赫斯等人的研究还没有开始。近年来学界对于蒲鲁东的研究似乎有了一些进展，但是对于鲍威尔深刻思想的研究还任重而道远。这种淡漠的态度不仅在客观上窒息了研究的空间，也在现实中带来诸多对马克思思想解读的不到位甚至错位。到了后来的《资本论》，马克思才能够从资本主义私有制生产关系的视角出发来揭示私有制的本质。请注意，这里的"异化"只是用来描述现象，它不再是占据核心地位的主导词语。

在《手稿》中，马克思这样论述分工："一方面随着分工的扩大，另一方面随着资本的积累，工人日益完全依赖于劳动，依赖于一定的、极其片面的、机器般的劳动。"① 对分工的这一立场，实际上贯穿于马克思思想的始终。在笔记本Ⅲ关于"分工"的片段中，马克思一开始就指出："在国民经济学家看来，社会是市民社会，在这里任何个人都是各种需要的整体，并且就人人互为手段而言，个人只为别人而存在，别人也只为他而存在。"② 这里的"市民社会"一词，在原文中就是bürgerliche Gesellschaft，但它已具有了斯密意义上的"市民社会"一词的内涵。马克思所谓的"私有财产的普遍本性"，是指在资本主义生产关系下，资本家和工人一样都是异化的。资本家并不是因为手中有钱就达到了自由自觉的劳动状态。此时马克思虽然已经解决了一个重大问题，然而紧接着的另一个问题是马克思没有解决的，那就是，人究竟怎样才能一步一步外化于劳动本身的？而这个问题还涉及经济史的研究。我们知道，斯密所处的时期属于工业经济时期，而李嘉图所处的时期则属于大工业经济时期。此时的马克思只是阅读了斯密和萨伊的著作，他还没有读到大工业经济时期李嘉图的著作。也就是说，资本主义交换关系的变化马克思此时还没有充分认识到。这也再次印证了我们之前的论断：历史唯物主义的前提是"历史"，没有"历史"就没有历史唯物主义。

首先必须说明的是，这一时期法德（在德国主要是魏特林的思想，这里所指的德国空想社会主义和共产主义思想并不包括赫斯的哲学社会

① 《马克思恩格斯文集》第1卷，北京：人民出版社，2009年，第120页
② 《马克思恩格斯文集》第1卷，北京：人民出版社，2009年，第236页。

主义在内）两国的空想社会主义思想对马克思的影响一方面是通过马克思对它们的直接阅读，另一方面是通过青年恩格斯和赫斯的间接渠道获得的。在用德国的哲学（当时主要是费尔巴哈式的人本主义哲学）解读空想社会主义思想，使德国的哲学进入社会主义视域方面，赫斯是第一人。他所做的工作主要是把法德空想社会主义者所取得的理论成就解读成了哲学的语言。马克思在1844年间所做的工作事实上是在赫斯哲学的基础上把面对经济现实的人本主义哲学推进到了一个新的高度，并在这一过程中为其哲学思想的下一步发展奠定了一定的基础。青年恩格斯在《政治经济学批判大纲》中尽管也有一个人的本性的理论基点，但他所从事的更多的是类似于傅立叶等人的工作，从事于对资产阶级政治经济学的反人道性的比较直接的批判。在他的思想中，赫斯那种把什么东西都解读成哲学语言的思维方式并没有出现，因此，在1844年的《手稿》时期，恩格斯政治经济学批判的理论视域对于马克思具有很大的新鲜感与吸引力，这是必定无疑的，但立足于德国哲学"高度"的马克思不可能马上认同恩格斯的理论思路，这也是可以肯定的。正是在马克思既不同于青年恩格斯又在赫斯的思路上继续往前推进的哲学运作中，我们会发现空想社会主义思想对1844年时期的马克思的深刻影响。综合上面的观点，我们可以看出，在已有的人本主义思想的基础上，又有赫斯的哲学可做理论参照，马克思在《手稿》中关于劳动异化的理论认识应当说不是特别困难的。

至于为什么马克思把人本主义异化理论推进到劳动异化的水平而赫斯却不能，在我看来，其原因主要有以下两点：第一，赫斯是个改良主义的"真正社会主义"者，他并不相信工人阶级的历史力量。因此，尽管赫斯也曾面对法国空想社会主义者对劳动权问题的许多论述，但

"翻译"到他的哲学的语言中，与工人阶级的命运问题直接相关的劳动权问题便不再出现，代之于笼统的个人与类的关系问题。第二，赫斯对黑格尔的理解远没有马克思来得深刻。他并没有经过一个对黑格尔著作的系统研读的阶段（前东德学者考夫霍尔德正确地指出，赫斯对黑格尔的理解是很勉强的）。因此，当马克思能从黑格尔的《精神现象学》中看出劳动的线索时赫斯则做不到。赫斯在对人的本质进行理解时的确也已经加进了许多现实生活的内容，他已经注意到了物质生活活动、人的"实践的本质"的重要性，甚至还把这种"实践的本质"界定为"生活和为继续生产所需求的产品消费的交往"。① 并且，赫斯事实上也谈到了资本主义条件下人的劳动及其劳动产品的异化问题。② 但赫斯却始终没能研究人的劳动本质的思想，这不能不说跟他缺乏黑格尔哲学的素养有关。

异化劳动理论中的对象化和异化相区分的观点，也跟空想社会主义者已经取得的一些理论成果有很大的关系。跟这一点有关的是傅立叶主义者以及蒲鲁东的观点。傅立叶及其门徒们实际上已经用他们的语言表达了在私有制条件下"对象化表现为对象的丧失和被对象所奴役"的观点："文明社会的劳动者是真正的苦役犯。……谁有办法，谁就会逃避劳动的。除少数例外，只有那些被贫困所迫的人才不得不去劳动。因此，人数最多的阶级，创造社会财富的工匠，积极地直接创造社会财富的人，必然落入贫穷和饥饿的境地；他们将注定成为愚昧无知的人，一

---

① 侯才：《青年黑格尔派与马克思早期思想的发展——对马克思哲学本质的一种历史透视》，北京：中国社会科学出版社，1994 年，第 130 页。
② 侯才：《青年黑格尔派与马克思早期思想的发展——对马克思哲学本质的一种历史透视》，北京：中国社会科学出版社，1994 年，第 136 页。

群当牛马使用的人。"① 蒲鲁东在《什么是所有权》中通过对资产阶级所有制的批判实际上也表达出了类似的观点。上面我们说过，马克思是熟悉黑格尔哲学的。通过对上述这种观点的哲学解读，马克思在《手稿》中得出他自己的对象化和异化的观点应当说是一种理论上的必然。

四、人本主义异化史观的形成：从人性的角度完成对资本主义社会的批判

《1844年经济学哲学手稿》的理论视界之所以还没有达到后来《关于费尔巴哈的提纲》和《德意志意识形态》时的高度，就是因为这时马克思还深受费尔巴哈人本主义异化理论的影响。在此时的马克思那里，费尔巴哈的著作"在抽象而费解的黑格尔主义的长期统治以后，使人们的耳目为之一新"。② 在这样的语境中，马克思认为，费尔巴哈是唯一一个对黑格尔展开了严肃批判并创立了唯物主义的人。正因为此，马克思对于费尔巴哈的思想大加推崇，并给予高度评价，这一点可以从马克思对费尔巴哈的《未来哲学原理》的赞赏中看出。应该说，费尔巴哈的宗教批判开创了德国人本主义思潮的先河。虽然青年马克思在写作博士论文期间就开始转向唯物主义，但是真正促使他成长为一个历史唯物主义者的动力，无疑是费尔巴哈掀起的这股人本主义思潮。成为无神论者之后，青年马克思的目光开始转向世俗的现实世界。对此，他这样说道："真理的彼岸世界消逝以后，历史的任务就是确立此岸世界的真理。人的自我异化的神圣形象被揭穿以后，揭露具有非神圣形象

---

① ［法］维克多·孔西得朗：《社会的命运》第1卷，李平沤译，北京：商务印书馆，1986年，第63页。
② 《马克思恩格斯选集》第4卷，北京：人民出版社，1995年，第222页。

的自我异化，就成了为历史服务的哲学的迫切任务。于是，对天国的批判变成对尘世的批判，对宗教的批判变成对法的批判，对神学的批判变成对政治的批判。"① 但是，对于此时的马克思来说，更为紧迫的任务是如何思考这个现实世界本身，如何关注这个尘世的世俗世界。费尔巴哈虽然批判了上帝，但是却把人重新变成上帝，鲍威尔将人抽象为自我意识，并以神学的方式来谈论自我意识。只有马克思才真正将无神论彻底地贯彻下去，对尘世世界进行了深刻的揭露和批判。

在谈到"共产主义与社会主义"问题时，马克思指出，"共产主义"只是一个否定私有财产的过程，其结果是"社会主义"。请注意，这里的"社会主义"既不是作为社会形态而讨论的"社会主义"，也不是空想社会主义眼中的"社会主义"，而是青年马克思基于异化逻辑而推演出来的、克服异化之后的可能的存在状态。是资本的罪恶让无产者与购买无产者的资本家直接成为一种对立的关系。黑格尔从自我出发，用否定之否定的方式来证明社会主义的必然性。黑格尔认为，要想证明自己的伟大，必定要通过否定别人来表现；费尔巴哈则认为不需要，自己伟大不伟大，只要自己站出来就可以证明，他指出："黑格尔辩证法的秘密，最后只归结到一点，就是：他用哲学否定了神学，然后又用神学否定了哲学。开始与终结都是神学；哲学站在中间，是作为第一个肯定的否定，而神学则是否定的否定。"② 在费尔巴哈看来，黑格尔之所以会将哲学与神学混淆起来，原因在于："那个享有盛誉的，精神与物质的思辨的同一性，无限和有限的思辨的同一性，人和上帝的思辨的同一性，只不过是那个近代的不幸的矛盾，即信仰与不信仰的同一性，神

---

① 《马克思恩格斯选集》第 1 卷，北京：人民出版社，2012 年，第 2 页。
② ［德］路德维希·费尔巴哈：《费尔巴哈著作选集》（上卷），荣震华、李金山，译，北京：三联书店，1959 年，第 149 页。

学与哲学的同一性，宗教与无神论的同一性，基督教和异教的同一性，达到了它的最高峰，达到了形而上学的最高峰。"① 在费尔巴哈看来，黑格尔哲学是一种旧哲学，而他自己的哲学则是一种与黑格尔完全不同的新哲学："新哲学完全地、绝对地、无矛盾地将神学溶化为人类学，因为新哲学不仅像旧哲学那样将神学溶化于理性之中，而且将它溶化于心情之中，简言之：溶化于完整的、现实的、人的本质之中。从这一方面说：新哲学只是旧哲学的必然结果——因为凡是溶化于人的理智之中的东西，最后也必须溶化于生活之中，必然溶化于人的心情之中，人的血液之中……"② 因此，与思辨的旧哲学相异，新哲学是一种关注人并强调人的重要性的新的科学："新哲学将人连同作为人的基础的自然当作哲学唯一的、普遍的、最高的对象——因而也将人类学连同生理学当作普遍的科学。"③ 需要指出的是，费尔巴哈人本学唯物主义是有一定的理论贡献的，但是他的基本视角是通过对人自身的强调而取代黑格尔的思辨哲学的绝对精神，并且，他对于人的理解是抽象的和非社会历史性的。所以，费尔巴哈的贡献只是在于他开辟了唯物主义的视角，但却没有展开对人的现实发展过程的阐释与理解。换句话说，他眼中的"人"只是"类本质"层面的人，而不是现实的社会历史关系当中的人。在这一层面上可以说，费尔巴哈只是一个解释世界的哲学家，他认为只要在思维领域内把神学转变为人类学，那么实践领域中就可以把君主制转变为共和国。一个专注于思维领域事情的哲学家，在客观上也就

① [德] 路德维希·费尔巴哈:《费尔巴哈著作选集》（上），荣震华、李金山，译，北京：三联书店，1959 年，第 150 页。
② [德] 路德维希·费尔巴哈:《费尔巴哈著作选集》（上），荣震华、李金山，译，北京：三联书店，1959 年，第 182 页。
③ [德] 路德维希·费尔巴哈:《费尔巴哈著作选集》（上），荣震华、李金山，译，北京：三联书店，1959 年，第 184 页。

不会去研究现实历史中的人以及社会关系。如果我们立足于历史唯物主义的理论视野来看，就会发现，费尔巴哈的唯物主义是人本主义的唯物主义，因而不是"真正的唯物主义"，或者说，是半截子的唯物主义。他自己声称的"新哲学"也根本不是什么"新的实在的科学"，而仅仅是关于人本身的抽象的、非历史性的"科学"而已。虽然青年马克思与费尔巴哈有着不同的理论抱负，青年马克思还是很想去批判现实的资本主义私有制社会的，但是由于此时他的方法论的滞后，他还没有能力去建构起一种新哲学，因此此时的他，必然会对费尔巴哈的人本主义和自然主义哲学立场极为推崇。

青年马克思指出，共产主义的实质是对私有财产的积极扬弃，"共产主义是最近将来的必然的形态和有效的原则，但是，这样的共产主义并不是人类发展的目标，并不是人类社会的形态"。① 这段话表明，青年马克思此时对共产主义是持怀疑和批判态度的，这与后来《共产党宣言》中对共产主义的肯定态度是不同的。恩格斯在后来给《共产党宣言》写的序言中这样说道："所谓社会主义者，一方面是指各种空想主义体系的信徒，即英国的欧文派和法国的傅立叶派，这两个流派都已经降到纯粹宗派的地位，并在逐渐走向灭亡；另一方面是指形形色色的社会庸医，他们凭着各种各样的补缀办法，自称要消除一切社会弊病而毫不危及资本和利润。这两种人都是站在工人阶级运动以外，宁愿向'有教养的'阶级寻求支持。只有工人阶级中确信单纯政治变革还不够而公开表明必须根本改造全部社会的那一部分人，只有他们当时把自己叫作共产主义者。这是一种粗糙的、尚欠修琢的、纯粹出于本能的共产主义；但它却接触到了最主要之点，并且在工人阶级当中已经强大到足

---

① 《马克思恩格斯文集》第 1 卷，北京：人民出版社，2009 年，第 197 页。

以形成空想共产主义,在法国有卡贝的共产主义,在德国有魏特林的共产主义。"① 对青年马克思来说,尽管在很早的时候就接触到了空想社会主义学说,但真正对共产主义有较为清晰的认识,是在《莱茵报》时期的政治实践中。在这个时期,青年马克思和赫斯的关系密切,而赫斯曾经游历过巴黎,对法国的社会主义和共产主义较为熟悉。在这种情况下,自然,青年马克思会受到赫斯的共产主义思想的影响。

因此可以说,青年马克思真正介入"历史之谜"的理论视域是从1844年开始的,《1844年经济学哲学手稿》正是其标志性著作。在这之前无论是《莱茵报》时期对思想专制的批判,还是《黑格尔法哲学批判》中对政治异化的批判,马克思的思想视界都还没有达到解答"历史之谜"的高度。在《手稿》中依托于对资产阶级政治经济学的一定的批判性研究,马克思首次提出了"历史之谜"的问题,并且提出了对这一问题的初步解答。在马克思看来,人和自然界、人和人之间的矛盾关系应该是"历史之谜"的核心内容,这一内容还可以从存在与本质、对象化和自我确证、自由和必然、个体和类的关系的角度来加以理解。以此为基础,马克思认为作为"人的自我异化的积极的扬弃"的共产主义是这种"历史之谜"的真正解答,"这种共产主义,作为完成了的自然主义,等于人道主义,而作为完成了的人道主义,等于自然主义,它是人和自然界之间、人和人之间的矛盾的真正解决,是存在和本质、对象化和自我确证、自由和必然、个体和类之间的斗争的真正解决。它是历史之谜的解答,而且知道自己就是这种解答"。② 这是青年马克思批判了卡贝、欧文等人的错误做法,站在费尔巴哈人本主义的立

① 《马克思恩格斯文集》第2卷,北京:人民出版社,2009年,第13—14页。
② 《马克思恩格斯全集》第42卷,北京:人民出版社,1979年,第120页。

场上，对共产主义思想进行的正面描述。而且，更为重要的是，马克思已经明确将共产主义与财产权的关系联系起来进行思考了，并用"无产与有产的对立"来理解和说明共产主义的不同发展时期："无产和有产的对立，只要还没有把它理解为劳动和资本的对立，一种没有从它的能动关系上、它的内在关系上来理解的对立，还没有作为矛盾来理解的对立。这种对立即使没有私有财产的前进运动也能以最初的形式表现出来，如在古罗马、土耳其等。"① 这时，在青年马克思眼里，资本与劳动的对立已经开始浮现出来（尽管此时他还不能很清晰地把握这种矛盾何以对立和消解），他已经开始认识到由于资本的罪恶，导致了有产者与无产者之间的对立，私有财产的出现，使得劳动与资本出现了对立。也就是说，此时的马克思，已经开始初步拥有了唯物史观的分析方式，并用其来分析空想社会主义者们如何对劳动进行片面化的理解，导致了不能获得对于共产主义的科学认识。马克思指出："最初，对私有财产只是从它的客体方面来考察，——但是劳动仍然被看成它的本质。因此，它的存在形式就是'本身'应被消灭的资本（蒲鲁东）。或者，劳动的特殊方式，即划一的、分散的因而是不自由的劳动，被理解为私有财产的有害性的和它同人相异化的存在的根源；傅立叶，他和重农学派一样，也把农业劳动看成至少是最好的劳动，而圣西门则相反，他把工业劳动本身说成本质，因此他渴望工业家独占统治，渴望改善工人状况。最后，共产主义是扬弃了的私有财产的积极表现；起先它是作为普遍的私有财产出现的。共产主义是从私有财产的普遍性来看私有财产关系……"② 这意味着，在此时的马克思眼里，无论是小资产者蒲鲁东，

① 《马克思恩格斯全集》第 3 卷，北京：人民出版社，2002 年，第 294 页。
② 《马克思恩格斯全集》第 3 卷，北京：人民出版社，2002 年，第 294—295 页。

还是空想社会主义者傅立叶、圣西门等,都是他思考共产主义的必经环节。但是,因为他们看不到劳动与资本的关系,看不到资本是客观化的劳动,因而也看不到普遍的劳动属性的本质。在这种情况下,共产主义的实质在他们的视线之外也就不足为奇了。但需要强调的是,虽然马克思对于理想社会的实现途径进行了研究,认为它是一个可以实现的社会形态,但是对于共产主义究竟是什么模样,他从来没有给出具体的细节的描述,也没有像欧文等空想社会主义者们那样去亲自尝试和实践。对于这一点,1893 年恩格斯在回答法国《费加罗报》的记者提问时再次强调说:"我们没有最终目标。我们是不断发展论者,我们不打算把什么最终规律强加给人类。关于未来社会组织方面的详细情况的预定看法嘛,您在我们这里连它们的影子也找不到。**当我们把生产资料转交到整个社会的手里时,我们就会心满意足了。**"①

应该说,马克思哲学理论指向工人阶级革命的特点在这时已经开始有所表现,这具体体现为,马克思这时的"共产主义"概念已经不再是费尔巴哈式的抽象的爱的理论,而是已经包含有劳动的科学内涵。在他看来,作为对人的本质的真正占有的共产主义其实所占有的是人的自由自觉的劳动的本性。尽管这个时候马克思事实上还没有把负载着真实社会历史内容的劳动与人的本质联系起来,也就是说马克思此时所理解的劳动还只是一种抽象化了的劳动,但无可否认的是,这是马克思把自己的哲学理论推向现实实践的第一步。尽管从思想来源方面看,马克思此时的劳动概念的获得除了受到黑格尔唯心主义的劳动辩证法的启发之外,无疑还得益于法德空想社会主义者在劳动权问题上的一些观点,但应该看到的是,马克思这时就已经在思想上表现出了对上述这些空想社

---

① 《马克思恩格斯全集》第 22 卷,北京:人民出版社,1965 年,第 628—629 页。

会主义者的超越性。傅立叶、孔西得朗、勒鲁等人尽管也看到了工人的异化问题，但对他们来说，工人的异化只是表明这些人是值得可怜的，因而社会也是应该加以重组的，在对人性的理解方面他们始终没有超出公平、自由等等抽象的理论层面。德国的魏特林尽管提出了工人阶级用暴力推翻旧的社会制度的思想，但由于他在历史和哲学知识方面的贫乏，因而，在人的本质问题上他也没能提供自由、公平之外的其他内容。与此相比较，马克思在《手稿》中不仅明确地指出了"社会从私有财产等等的解放、从奴役制的解放，是通过工人解放这种政治形式表现出来的"，①而且还用劳动的内容充实了人道主义的哲学话语，这无疑是马克思的哲学理论已经开始走向现实实践的一种表现。共产主义的根本目的是人的自由解放和人的本性复归，是否定之否定的结果。

当然，我们也必须看到，马克思此时在把哲学理论推向现实实践的力度方面还是相当有限的。无论在对"历史之谜"的内容的理解方面还是在对这个"谜"的解答方法方面，马克思事实上都还处于抽象理解的层次。把"历史之谜"概括为人和自然界、人和人之间的矛盾关系，这本身就是通过对人类历史的抽象考察，然后再用哲学的方法概括这种考察结果的一种表现。也就是说，"历史之谜"问题在马克思此时的思路中尚未得到具体化。马克思的本意是想用他的哲学理论来批判现实的资本主义制度的，但在对哲学问题域的提炼方面，资本主义社会的内容事实上还没有在其哲学思路中凸现出来。既然如此，当然也就谈不上通过对资本主义制度的分析并以此为基础来展开对发展出资本主义制度的现实人类历史的过程进行分析了。也就是说，真实社会历史的内容在马克思此时的哲学思路中必然还不可能出现。脱离了真实社会历史内

———————————

① 《马克思恩格斯全集》第42卷，北京：人民出版社，1979年，第101页。

容的哲学思路还剩下什么呢？当然也就只能是关于人性的失而复得的过程了。在这点上即使是已经从劳动的角度来理解人的本质的马克思也不可能例外。至少，劳动价值论已经充分说明，价值是由劳动决定的，劳动者的劳动价值包含在商品的成本当中，劳动者的工资就是商品价格的一部分，劳动者付出劳动，资本家付给劳动者工资，这看上去是很公平的事情。按照这个思路，商品的价格就是劳动者的劳动价值和商品原材料成本的相加。我们的疑虑是，为什么财富会积累起来并且会越来越多呢？资本家为什么越来越有钱，而劳动者为什么却越来越贫困？《手稿》中马克思对"历史之谜"的解答方法的理解的确也是基于上述思路的。在马克思看来，作为"历史之谜"的解答的共产主义本质上所表明的是人性的重新占有的内涵，只不过马克思这时对人性的理解与其他人相比更多地具有了现实的倾向性，或者说对人性的理解更加充实了一些，"共产主义"的作用就在于使过去与人相异化的自然界转变成具有人的本质的自然界，使过去具有异化本质的人与人的关系转变成真正的、符合人的类本质的人与人的关系。正是在这一意义上，马克思才说："这种共产主义，作为完成了的自然主义，等于人道主义，而作为完成了的人道主义，等于自然主义。"① 从根本上说，马克思此时的这一思路尚未超出从头脑中去寻找解决现实问题的方法的哲学线索，因而在本质上也是属于历史唯心主义的范畴。

究其原因，导致这一状况的根源在于马克思此时的政治经济学研究还尚未达到足够的水平。我们知道，真正能够解剖资本主义制度的"钥匙"只有在政治经济学的研究中才能找到，而此时的马克思才刚刚开始研究政治经济学，他显然还没有认识到政治经济学研究与对资本主

---

① 《马克思恩格斯全集》第42卷，北京：人民出版社，1979年，第120页。

义制度的批判之间的理论关联，相反，他只是把这门科学视为与自己的理论旨向完全相反的一种学问。因此，在《手稿》中，政治经济学和资本主义社会一样，只是马克思的批判对象。这样，马克思自然就无法在自己的哲学思路中牵引出一条新的线索来与过去自己受之影响的 18 世纪法国启蒙唯物主义的思路相对抗。18 世纪法国唯物主义者是以抽象的人性为基础来展开对社会历史的批判性研究的，这一方面决定了他们根本不可能达成真正的历史主义的思维方式（他们所谓的"历史"是指人性的丧失及其重新恢复的过程，这跟真实的历史主义思想是有本质不同的），另一方面也决定了他们在审视过去的历史时必然只会抓住所谓的人性的线索，这使他们不可能展出一条丰富的历史画卷，即使是在批判的意义上也是如此。在这一时期的思想家中，黑格尔其实是个最为独特的人物。他一方面依然坚定地相信法国的资产阶级理性，可另一方面又清楚地看到了自雅各宾派专政之后法国资产阶级理性本身的异化，作为对这一点的反思，黑格尔以唯心主义的历史辩证法为基础展开了一套历史本体论和历史认识论相统一的哲学理论。黑格尔的历史辩证法是深刻的，因为他明确地意识到了市民社会的阶段在绝对精神发展过程中不可或缺的作用，如果我们撇开黑格尔唯心主义的批判线索，在一定的意义上可以说，黑格尔是从历史主义的角度对资产阶级政治经济学进行批判的第一人。可就是由于其思想中无法抹去的绝对精神的唯心主义线索（这是与当时激进民族主义的时代精神中德国资产阶级的利益要求相呼应的），黑格尔思想的深刻性最终沦落为一种扭曲的深刻性。德国的另一位哲学家费尔巴哈站在革命民主主义的时代氛围中，用"人"置换了黑格尔的"精神"，这是他的伟大之处，但费尔巴哈在做到这一点的同时却失却了黑格尔哲学业已取得的一些理论成就。费尔巴哈抽掉了哲学的历史主义基础,这显然是他的渺小之处。应该说,这跟当时德国的资产阶级革命民主主义的局限性是直接相关的。在《手稿》时期,马克思显然还不具备在黑格尔的扭曲的深刻性与费尔巴哈的伟大的渺小性(如果可以这样说的话)之间架起一座桥梁并在此基础上超越他们的思想的能力。因此,《手稿》中的马克思在思维构架上没能超出费尔巴哈式的人本主义哲学线索,这跟他尚不具备科学的即在客观历史的层面上批判资本主义制度的能力是直接相关的。于是由18世纪法国唯物主义者及康德、费尔巴哈等人所延续下来的从抽象人性出发批判现实社会的理论线索必然会被此时的马克思所采纳。进而,黑格尔哲学中对市民社会的历史主义批判的线索显然还无法真正进入马克思此时的哲学视域。正因为如此,在《手稿》中,即使是当马克思关注到"工业"问题的时候他的理论视点也还不是"工业"的真实的、客观的社会历史作用,而只是"人的本质力量的公开的展示",正因为如此,马克思也就必然会把"工业"看成是在"异化的形式"下对人的本质力量的展示。这说明此时的马克思正像其他从人性出发观察人类历史的哲学家一样,只能把社会历史的丰富内容抽象地拉进人性的线索中来,因而必然带来对社会历史的充实内容的弱化和简单化。

共产主义作为一种崇高理想,在青年马克思所处的时代,既是一个重要的理论问题,更是具有现实指向的实践课题。马克思的哲学要想真正地指向现实的革命实践,要想真正地与工人阶级的利益结合在一起,就必须使社会历史的内容在自己的理论中浮现出来,也就是说,必须把哲学所面对的"历史之谜"具体化。而马克思明确地批判资本主义制度的理论宗旨又必然对这种具体化的方向做出规定。我们知道,资本主义社会中处于支配地位的本质上是隶属于经济学范围的问题,因而马克思所要推进的这种具体化必然会最终落脚在经济学的问题域之中。这倒不是说哲学在马克思的理论视域中消失了，取而代之的只是经济学的研究，而是说，传统的在哲学主题上与经济学截然对立的旧式哲学在马克思那里消失了，马克思把哲学研究的领域推进到了经济生活的基本问题上来，并把对这些问题的研究作为其哲学的基础部分。站在整个西方哲学史的角度上，我们可以说，马克思开创了哲学研究的一个崭新视域。马克思思想中的这一步是在《神圣家族》中跨出的，是在《德意志意识形态》和《哲学的贫困》中最终完成的。

沿着上述这条"历史之谜"具体化的理论线索来看，《神圣家族》是一个重要的思想孕育阶段。政治经济学学习和研究的推进，使马克思在《神圣家族》中把哲学的关注点推进到了物质生产方式的层面。谈到对现实历史的认识时，马克思说，"难道批判的批判以为，它不去认识（比如说）某一历史时期的工业和生活本身的直接的生产方式，它就能真正地认识这个历史时期吗？……正像批判的批判把思维和感觉、灵魂和肉体、自身和世界分开一样，它也把历史同自然科学和工业分开，认为历史的发源地不在尘世的粗糙的物质生产中，而是在天上的云雾中。"不仅如此，在《神圣家族》中，马克思事实上还具有了初步的"实践"观念。谈到犹太精神的发展时，马克思说，"这种发展不是神学家的眼睛，也不是在宗教学说中所能看到的，而只有世俗人的眼睛，只有在工商业的实践中才能看到。"然而，严格地说，《神圣家族》并没能完成"历史之谜"的具体化。这是由于马克思此时的政治经济学研究还没能达到足够的水平，以至于能让他发现资本主义生产方式的内在矛盾，没有了这一层面的思想内容，所谓的到物质生产方式中去寻找现实历史的发源地的思想也就必然不可能贯彻到底。这就导致了在

《神圣家族》中人本主义的哲学线索还没能完全褪去，物质生产方式的发展、工商业实践的发展事实上是跟从非人性到人性的发展线索糅合在一起的。这样一来，《神圣家族》只能被界定为历史唯物主义诞生的前夜。与此相对应，"历史之谜"在《神圣家族》中还没能得到清晰的具体化，马克思还没能得出生产力和生产关系的理论线索，这也是跟马克思在这一著作中依然对费尔巴哈作很高的评价、对蒲鲁东的小资产阶级经济学（从政治经济学的角度批判古典经济学的思路）还不能进行科学的批判相互关联着的。

　　"历史之谜"在马克思哲学思路中明确的具体化是从《关于费尔巴哈的提纲》（以下简称《提纲》）开始的，尤其是在紧接其后的《形态》和《哲学的贫困》等重要文本中，这一点得到了清晰的阐述。导致这种转变的原因是多方面的，首先，这无疑得益于马克思对政治经济学研究的深入。在 1845 年 2 月到达布鲁塞尔之后，马克思又一次深入地研究了资产阶级政治经济学。不理解古典政治经济学，就试图完整、准确地理解马克思主义哲学纯属枉然。我们知道，资产阶级古典经济学内部是蕴含着明显的内在矛盾的，英国的经济学社会主义者（如布雷、汤普逊等人）就是抓住李嘉图劳动价值论的内在矛盾来大做文章的。马克思经过两次（"巴黎笔记"时期是第一次）经济学的研究不可能还发现不了这一理论层面。意识到对资产阶级古典经济学的批判必然要从其理论内部去寻找发源地，这必然会映照到马克思的另一个思想：对资本主义制度的批判必须要从物质生产方式内部去寻找批判的着眼点。这是使马克思有可能把他在《神圣家族》中已经获得的关于物质生产方式的思想进一步向前推进的重要原因。其次，这也得益于布雷、汤普逊等英国经济学社会主义者（也有学者称之为李嘉图式社会主义者）的思想的影响。汤普逊等人的特点在于立足于经济学的思路来展开对古典经济学的批判。在汤普逊那里，批判古典经济学的落脚点事实上已经落在了生产力和分配方式的矛盾上面（当然还是非历史性的），"这里《汤普逊的著作》在考察实际积累和分配时，总是把它们和生产力联系起来，放在从属于生产力的位置。但几乎所有其他的体系，在考察生产力时，都是把生产力同积累和现有分配方式的永久化联系起来，把生产力放在从属于它们的位置……人类的全部生产力就毫不怜惜地被当作牺牲品了"。这条思路跟欧洲大陆的古典理性主义思路是有重大不同的。而有材料证明，马克思在写作《提纲》之前阅读过布雷、汤普逊等人的著作，因此，这无疑也是导致马克思思想转变的原因之一。最后，跟施蒂纳在这一时期对费尔巴哈的批判有关。尽管施蒂纳对费尔巴哈的批判本身是不科学的，但他毕竟揭穿了费尔巴哈的"人"的抽象性，这在促使马克思彻底放弃人本主义的哲学逻辑方面应该说也是有一定的作用的。

至此，"历史之谜"已经得到了彻底的具体化，马克思解答"历史之谜"的视角也得到了具体化。现在马克思已不再一般地谈论人与自然界的关系，而是首先把这一问题放在资本主义社会这一特定的历史时期，并把它具体化为生产力的内涵来理解。马克思也不一般地谈论人与人的关系，而是把它落脚到资本主义社会中的现实的人的关系即工人与资本家之间的生产关系之中。在对这一"谜"的解答方法上，马克思也不再笼统地面对整个人类历史，而是首先面对资本主义社会的现实。通过对资本主义社会的批判性分析，马克思找到了哲学历史观的理论支点，以此为基础，再把逐渐发现出作为结果的资本主义制度的整个人类历史过程真实地展开出来，这便构成了马克思崭新的哲学历史观的本真内容。这里需要指出的一个重要的理论辨识是：马克思此时的生产关系概念是其前期的人与人的关系概念的具体化，而不是踢开这一概念的另起炉灶。资本主义社会中人与人之间的关系的确已经物化成了商品的关系以及货币的关系，即人与人之间的关系已经变成了物与物之间的关系，但如果直接地立足在这一理论层面上，把生产关系理解成与人无关的独立化的一种东西，并以这样的理论立点去展开对整个社会历史的理解，那么，不但不可能把对整个人类历史的分析贯彻到底（因为在对前资本主义社会的分析中，这样的线索事实上是无法得以真正地贯彻的。以封建社会为例，人与人之间所具有的强烈的人身依附关系怎么可能用独立化的生产关系来解析？），而且这样的分析所站立的理论层面事实上正是马克思所批判的商品拜物教、货币拜物教的理论层面。真正站在这一理论层面上的是英国古典经济学家。在马克思看来，以亚当·斯密和李嘉图为代表的古典经济学事实上也已经深入到了生产关系的理论层面，并且他们还是从"生产关系的纯粹形式""生产关系的内部联系"的角度来进行分析的，但他们的一个根本缺点是无法真正地理解生产关系概念的深刻内容。"生产关系"在他们的思路中只是生产作为物质形式的价值量、资本量的关系，价值、货币、资本等概念的社会形式内涵始终没有凸现出来。因此，尽管他们的经济学理论与体现为彻头彻尾的拜物教的庸俗经济学家的观点（这些人把社会关系表现为物与物之间的关系的假象看成为真实的东西，并且事实上相信物的交换价值是由它们作为物的属性决定的，完全是物的自然属性）有所区别，但事实上他们也没有跳出拜物教的泥坑。这也是为什么他们相信资本主义生产是生产的绝对形式的根本原因。小资产阶级经济学家（如蒲鲁东）和英国的李嘉图式社会主义者之所以无法得出正确的结论，本质上也是由于他们无法真正地从人与人之间的关系的角度来审视生产关系的内涵。而马克思恰恰是在这一点上超越于其他人的。从物化了的、独立化的生产关系中看出人与人之间的生产关系的内涵，是马克思把自己的哲学视角定位在批判资本主义制度方面的一种体现。因此，马克思以生产力、生产关系概念为核心的新哲学绝不是对异在于人的、作为纯客观因素而存在的生产力和生产关系的研究，而是一种透过生产力与生产关系矛盾运动的线索清晰地展示一条现实的人的解放和发展道路。马克思哲学的人学意味应当体现在这一层面上。

由于与人和人之间的生产关系相比，人对自然界的改造关系即生产力相对来说更多地具有自然客观性的特点，因此，马克思的理论关注点自然就会集中在后者，这便是马克思的新哲学为什么必然与现实实践变革关联在一起，为什么不仅仅是一种解释世界，而更重要的是一种改造世界的理论的根本原因。由此可见，马克思的新唯物主义哲学既不是近代哲学认识论意义上对事物现象的研究，也不是西方现代哲学意义上的抽象的人的生命本体论学说。在割裂马克思哲学与社会主义革命的时代精神之间的紧密联系的基础上，无论是把马克思哲学推向近代的知识论谱系还是推向现代的本体论谱系，都无法达成对这一崭新的哲学学说的深刻理解。在这里，我们就可以获得这样一个重要的理论辨识：《手稿》中马克思的确是具有人的存在的本体论思想的，由于马克思是把"类"的人作为"社会"的人来看待的，因而我们也可以说，《手稿》中马克思是具有社会存在本体论的思想的。再由于，马克思此时所理解的"社会"是"人同自然界的完成了的本质的统一，是自然界的真正复活，是人的实现了的自然主义和自然界的实现了的人道主义"，① 因

---

① 《马克思恩格斯全集》第 42 卷，北京：人民出版社，1979 年，第 121—122 页。

此，也可以说《手稿》中马克思是具备一种新自然主义的本体论的。但我们必须看到的是，这一状况是由于此时的马克思还不具备全面展开对资本主义制度的社会历史批判的能力所导致的，也就是说这是由于马克思此时还无法真正地把自己的理论推向现实实践所导致的。一个最典型的例子是，尽管马克思此时迫切地希望自己的哲学理论能与工人的利益联系在一起，但事实上《手稿》所展开的对工人政治革命必然性的理解是建立在工人是人类个性的最大泯灭的基础之上的，工人的真实社会历史内涵还没能与工人的解放这一主题联系起来。也就是说，作为一个阶级而存在的工人在此时马克思的思路中还没有凸现出来。而我们知道，作为工人运动理论基础的马克思哲学所抓住的当然是作为阶级而存在的工人，而不可能仅仅是作为人而存在的工人。既然如此，我们便不难看出，本质上与马克思思想发展的局限性相关联的抽象的社会存在本体论、新自然主义本体论思想，显然是无法作为代表马克思主义思想水平的马克思哲学的本真内容的。其实，从马克思当时的哲学逻辑来看，这也是必然的。为了理解这一点，我们首先必须弄清圣西门主义和傅立叶主义在方法论上的不同。圣西门主义者的方法论，从某种意义上说，恰恰是与马克思后来所发展出的历史唯物主义方法论处于同一理论方向上的，即是一种历史主义的方法论。用历史的观点来观察社会现象，这是圣西门主义者的一大特点，"历史是一个广阔的观察场所，它为光明所照耀，为圣西门的天才所润泽，只有当它作为连续不断的进步系列——从最狭隘的、最原始的联合体到给予人以想象和希望的、最有情感、最明智、最富裕的社会——展现在最严格的逻辑学家面前的时候，人类的研究才会成为真正的、名副其实的科学"。① 在圣西门主义者看来，只有他们的这种历史研究才可能提供"作为集体存在的人类的循序的生理状态的图景"，而不只是把历史当作"令人开心的经历和戏剧性事件的汇集"。② 圣西门主义者的批判对象是傅立叶主义者和资产阶级经济学家。就傅立叶主义者来说，尽管他们是把资产阶级经济学家作为自己的理论对手的，但就方法论而言，他们恰恰和自己的对手拥有同一种方法论。在傅立叶及其门徒看来，以自然情欲为核心的人的本性是不会改变的，在历史过程中所改变的只是那些压抑自然情欲的各种制度和道德形式。历史不外乎是自然的东西摆脱人为的东西的斗争过程。这种观点在本质上是和资产阶级经济学家的观点同出一辙的。不管是重农学派还是亚当·斯密都坚持这种自然秩序（人的本性的另一种说法）观。在这些经济学家看来，资本主义制度是自然的、天然的、不变的，而奴隶制度和封建制度则是人为的，因此，它们是有历史性的，人类历史就是自然秩序同人为的制度相斗争并最终取得胜利的过程。从最深层的原因上讲，傅立叶主义者和资产阶级经济学家在方法论上的思想源头都是 18 世纪的法国启蒙思想家。这些法国唯物主义者在历史观上的盲目的命运决定论是无法孕育出真实的历史主义方法论的。而圣西门主义者恰恰是绕过了 18 世纪的法国唯物主义，把手伸向了莱布尼茨、马勒伯朗士甚至是奥古斯丁和托马斯·阿奎那这样的唯心主义哲学家。③ 应该说，圣西门主义者的历史主义方法论是有可取之处的（它的局限在

---

① [法] 巴扎尔等：《圣西门学说释义》，王永江，等译，北京：商务印书馆，1986年，第78页。

② [法] 巴扎尔等：《圣西门学说释义》，王永江，等译，北京：商务印书馆，1986年，第64页。

③ [法] 巴扎尔等：《圣西门学说释义》，王永江，等译，北京：商务印书馆，1986年，第70页。

于只是笼统地从科学、道德、工业三个方面来理解历史，还没达到立足于经济基础与上层建筑的矛盾运动的理解水平。因此，与马克思的历史唯物主义方法论相比，它只是一种低层次的历史主义）。然而，只要仔细分析我们便可以发现，《手稿》时期的马克思在方法论上恰恰是和傅立叶主义者相接近的，这跟青年马克思同样是以18世纪的法国唯物主义作为自己的重要思想背景有很大的关系。再加上圣西门主义的观点中有从历史必然性的角度为资本主义社会做论证的观点，马克思在《手稿》中对它的排斥也就是必然的了。需要说明的是，这并不意味着《手稿》中马克思始终停留在人本主义的哲学逻辑之中。随着政治经济学研究与批判的不断深入，马克思的思想中出现了一条从客观现实出发的科学分析的逻辑，但必须强调的是，这是一条隐性的逻辑，而且，直到《神圣家族》，这种逻辑依然处于隐性的地位。

对《1844年经济学哲学手稿》的一个带有总结性的基本结论是：马克思因为读了国民经济学，并受其影响，所以此时的思想比《黑格尔法哲学批判》及其序言向前推进了一步，一种古典人本主义的"类本质"的异化观由此形成。总起来看，马克思将生产视为一种异化了的劳动，在此，人本主义批判逻辑占据主导地位。因为从根本上看，古典经济学的主要思维方式是实证主义，它热衷于对社会生产的现象描述。而只有强调生产的关系即只有在生产关系的层面上谈论生产，才能进入到真正的哲学层面的思考。由此，《1844年经济学哲学手稿》中的马克思的人本学就是一种人本主义的异化史观。但我们也必须看到，这里的人本主义是古典经济学语境中的"人"，是"大写的人"的"类"本质，它绝不是指"个人"，也不是后来费尔巴哈哲学语境中的那个"个人"。马克思当时的这一观点受到了施蒂纳的严厉批评。在《唯一者及其所有者》中，施蒂纳反映出的是一种代表着资产阶级启蒙思想家的进步观点，是个人主义的立场。施蒂纳对费尔巴哈和马克思进行了深刻的批判，认为费尔巴哈和马克思语境中的"人"实际上是新的"上帝"，是换了一张新面孔的上帝。施蒂纳的思想是非常深刻的，他的观点影响了后来的基尔恺郭尔（"那个人"）和尼采（"主人""奴隶"）。其实，后来马克思在《德意志意识形态》中的"现实的个人"就是施蒂纳的那个"个人"，实质都是指"个人性"，其落脚点不是"类"，而是强调个人的。正是在这一意义上可以说，施蒂纳是第一个在欧洲语境中的"个人主义者"，他是西方社会新人本主义的开启者。因此可以说，此时的马克思正处于从"类本质"的古典人本主义到新人本主义的过渡时期，其中过渡的核心内容或主导思想显然是深受施蒂纳个人主义、利己主义的影响的。对费尔巴哈人本主义态度的转变，意味着青年马克思此时对"现实的人"以及历史发展问题的探索，又向前迈出了一大步。而正是对"现实的人"以及历史发展问题的科学把握，成为马克思新世界观萌芽和发生的理论起点。

第四章

从劳动异化到社会关系的异化：
《穆勒评注》的文本解读

我们知道，19世纪中叶的欧洲，工业革命正如火如荼地进行着。它一方面带来了经济的迅猛发展，另一方面却带来新的苦难和压迫。英国著名作家狄更斯的《雾都孤儿》藐视了奥利弗的悲惨遭遇，恩格斯的《英国工人阶级状况》更是以大量的实证材料，揭露了处于资本家深度剥削中的工人的悲惨命运。如上所述，虽然国民经济学家们极力要掩饰资本家对于工人的残酷剥削，但是，也无法掩饰住青年马克思锐利观察世界的眼睛。在《1844年经济学哲学手稿》（有人称之为哲学版的《雾都孤儿》）中，马克思对于资本主义剥削的原因以及克服异化的路径，给出了自己的解释与说明。在继续思考资本主义的异化问题、不断推进对资本主义私有制的揭示的道路上，马克思写作了《穆勒评注》。他试图抛弃国民经济学虚构的原始状态，以现实的经济事实为出发点，来剖析资本主义的实质。对于这本马克思的既有对穆勒《政治经济学原理》的直接摘录又有自己的学术评论的研究成果，当前在国内已经有数位学者发表了既有文献资料价值又有思想分析深度的研究论文。马克思在19世纪60年代的《剩余价值理论》第3卷中说："穆勒是第一个系统地阐述李嘉图理论的人，虽然他的阐述只是一个相当抽象的轮廓。他力求做到的，是形式上的逻辑一贯性。"① 在青年马克思最初的经济学研究中，《穆勒评注》是其早期思想发展阶段的一个摘要笔记。本章节拟对此展开进一步的探究，从深层上把握马克思对于社会交往异化的论述的理论，以期更加准确地把握马克思思想自身发展的复杂性。

一、劳动异化依然是《穆勒评注》的核心话语

我们知道，1843 年 10 月到 1845 年 1 月这一年多的时间，是青年马克思研究经济学的第一个阶段，也是他从事经济学研究的初始时期。我们今天能够看到的此阶段的著作是七册本的《巴黎笔记》（《马克思恩格斯全集》MEGA2，第 4 部分第 2 卷）和三册本的《1844 年经济学哲学手稿》。《巴黎笔记》是青年马克思首次正式接触和学习经济学的记录，也是他一次极重要的哲学逻辑新建构与异域游历。马克思这时对经济学的问题并没有足够的了解，所以笔记的绝大部分仅仅是他作的摘录，几乎没有评论。由于这时马克思的主导性思路是人本主义的哲学反思，所以当他第一次面对经济学的"科学研究"（这是马克思在以后对李嘉图研究时的称谓）时，他只是简单地颠倒过来理解，即以人性的尺度来反对和否定私有制。在这里，马克思的批判还是不系统的，一种超越于蒲鲁东和赫斯之上的劳动异化逻辑尚没有形成。这一新的哲学理论建构是在读《穆勒笔记》中形成的。《穆勒笔记》是《巴黎笔记》中一次重大的认识飞跃，其实质就是人本主义哲学话语在政治经济学研究中的确立。马克思在这里实现了一种话语的转换，即从经济学的"跟读"语境转换到哲学话语的统摄性运作。对于这一点，西方马克思

---

① 《马克思恩格斯全集》第 35 卷，北京：人民出版社，2013 年，第 88—89 页。

主义早期代表人物柯尔施对《马克思恩格斯全集》历史考证版（MEGA1）进行研究,对《穆勒笔记》和《1844 年经济学哲学手稿》等重要文献进行了细致的研究后得出结论说:"除了批判的革命立场不断发展的主线外,人们还不难发现在某些方面甚至显得与其背道而驰的第二条线索。随着马克思革命的社会理论唯物主义的成熟,便出现了越来强调狭义的经济学理论。"①

　　整体来看,詹姆斯·穆勒政治经济学的结构就是生产、分配、交换和消费。我们发现,马克思对于"生产"问题关注得显然不够,却花了大量笔墨来关注"交换"问题。而只有当他将关注的视角转向"生产"角度的时候,才可能发现资本主义经济关系（生产关系）的矛盾性的本质。事实是,马克思一开始并不是很容易找到"生产"这个环节的内涵的。从当前马克思主义哲学史的研究现状来看,包括在界定马克思主义哲学史时也不重视"生产"概念。他们往往不看重生产的重要性,而只看重分配关系、交换关系,从而来批判资本主义社会下人的异化。殊不知,仅仅从分配关系和交换关系出发,缺少生产（生产力）的线索,那么对交换关系和分配关系问题的理解就会受到限制。因为从根本上看,私有制条件下所有的交换关系都是异化的,而从人与人的异化角度出发来谈论交换是没有针对性的。因为私有制下的交换关系极为复杂,脱离生产语境的交换问题,决不能反映资本主义交换关系中深层的东西。实际上资本主义交换关系是不平等的。资本主义的生产力发展水平使其呈现出这样的样态。当生产力无限扩大的时候,一定会带来两样东西的异化:劳动力商品和土地。封建社会是没有劳动力商品的。资

---

① 卡尔·柯尔施:《卡尔·马克思——马克思主义的理论和阶级运动》,熊子云,等译,重庆:重庆出版社,1993 年,第 72 页。

本主义交换关系的诡秘性在于劳动力商品可以创造出剩余价值。在资本主义生产状况下，交换关系的本质绝不是土豆和苹果的交换那么简单，这种交换关系只是隔靴搔痒，因为商品经济不发达的社会形态下也是有商品交换的。因此，如果脱离了社会生产或生产力的高度而仅仅从人本主义的角度来谈论商品，是得不出实质性的结论的。正因为此，我们认为《1844年经济学哲学手稿》中马克思将人与人的关系当成物与物之间的关系来理解是有问题的，就是因为这一认识脱离了生产力的线索，因此不能被用来专指资本主义社会。其实，商品早就有了，然后有商品的社会既不是商品化的社会，也不是商品社会。犹如人类社会发展的早期社会也有分工，但人类社会发展早期绝不是分工化社会；信息早就有了，但是我们只有在今天才说当前的社会是一个"信息社会"，是因为只有在当前社会才完成了信息的普遍化。因此可以说，商品社会化也就是商品的社会化的完成。因此，我们在辨析任何一个概念的时候，都需要严格区分这一概念的"物质形式"和"社会形式"。显然，这里"实践"的"物质形式"与"社会形式"的内涵是不同的。资本主义社会之所以是一个矛盾的社会，就在于资本主义社会是一个生产力与生产关系矛盾运动的社会，也就造成了资本主义社会下的"实践"是一个极其诡计或狡计的概念。在资本主义社会里，你的实践能力越强，你被剥削的程度也就越深，那么意味着你的异化程度也就越严重。同样，"资本""机器"等概念的"物质形式"与"社会形式"也是不一样的。沿着这一线索思考下去，就会看到，只有当"物质形式"与"社会形式"紧密结合在一起的时候，也即只有当生产力发展到一定高度时候，劳动力才能成为一种"物"。能否理解这一点至关重要，因为它直接关系到我们能否正确地理解历史唯物主义的内涵和实质。遗憾的是，在当前国内学术界，一度没有能够很好地理解生产力与生产关系之间的关系，而热衷于对生产力概念进行批判，并逐渐将对马克思的理解泛化为一种普世的东西，究其原因是从根本上没有把握住历史唯物主义中的"自我扬弃"的因素。资本主义是一个内含着诸多矛盾的社会，但是，资本主义最终一定会在自我的矛盾运动中实现自我超越，这也是黑格尔意义上的一种"自我扬弃"的批判。这是一种哲学话语的批判，是一种反对形而上学意义上的本体论的描述，绝不是政治立场上的批判。历史唯物主义的历史观的根本观点也正在于此。这种历史观的根本在于坚持了"自我批判"的扬弃与超越，即是说，批判的展开过程就是自我扬弃与自我超越的展开过程。

由于受到费尔巴哈的人本主义逻辑的影响，马克思此时从社会本质的角度来理解人的本质。他认为，正是在以人本身为中介的社会交往关系中，每个人才都能够真实地展示自我，并在这种关系中享有人的类本质。"动物只生产它自己或它的幼仔所直接需要的东西；动物的生产是片面的，而人的生产是全面的；动物只是在直接的肉体需要的支配下生产，而人甚至不受肉体需要的影响也进行生产，并且只有不受这种需要的影响才进行真正的生产。"① 显然，由于此时缺乏对社会本质的内涵的科学理解，马克思还不能拥有正确的理论进路。也就是说，每一个人作为一个物种应该有普遍的特质，人的劳动不是本能意义的生产，与蜜蜂建筑蜂巢和蚂蚁建造蚁穴不一样，人的类本质是自由自觉的，而不是异化的。然而现实却是，人与人之间的社会关系是相互脱节的，即在"应有"与"现有"的层面上发生了分离，马克思在"现有"层面上看到了社会关系的异化，但由于此时他还不具备历史唯物主义的视角，

---

① 《马克思恩格斯全集》第3卷，北京：人民出版社，2002年，第273页。

因此他还不能从资本主义社会内在矛盾运动的视角出发，来思考从异化的"现有"如何到达"应有"的科学路径。在这种情况下，马克思只能设置一个理想化的"应有"，来完成对"现有"异化现实的批判。因此，他在摘录《穆勒评注》中，发现现实层面的异化现实其实是与货币的角色紧密联系在一起的，货币作为一种同单个人相对立的抽象的一般的力量在现实层面上是同人的类本质相对立的，因此，此时他对社会本质的内涵的理解，自然就站在"人"与作为"物"的货币相对立的视角上，而看不到现实社会历史中人与社会之间的辩证关系的实质，因此，他明确指出，社会本质不是一种同单个人相对立的抽象的一般力量，而是每一个单个人的本质的体现。而所谓"现实的"个人，一定是具备了社会本质即类本质的人。而当前的经济事实中，"现实的"个人是不存在，他只存在于理想的社会中。显然，这是费尔巴哈抽象人本主义意义上的"现实性"，而不是历史唯物主义视野中的"现实性"。我们知道，尽管费尔巴哈在 1842 年也曾明确地提到了"现实的人"，但是他眼中的"现实的人"，由于局限于思维领域而脱离了现实实践，绝不是历史唯物主义视角下的处于现实社会历史过程中的人，而是抽象人本主义逻辑下的符合类本质的、人类学意义上的人。费尔巴哈说："不再彷徨于天上的神灵和地上的主人之间的人，一心一意转向现实的人，跟那些生活在混乱中的人比较起来乃是另一种人。"① 费尔巴哈之所以将"现实的人"理解为思维领域而不是社会实践领域的人，是因为"在思维领域中把神学转变为人类学——这等于在实践和生活领域

---

① ［德］路德维希·费尔巴哈：《费尔巴哈著作选集》（上），荣震华、李金山，译，北京：三联书店，1959 年，第 97 页。

中把君主政体转变为共和国"。① 在费尔巴哈看来，思维领域的活动就可以解决问题，因此只要停留在思维领域就可以完成宗教批判的任务。而马克思是想依赖无产阶级这个"心脏"来实现"人的解放"，因此，他效仿费尔巴哈的做法，将理想中的人当作"现实的人"，这显然不利于他的理论目标的实现。当然，1845 年初，当马克思完成了世界观的转变后，他就不再局限于以费尔巴哈的抽象人本主义逻辑的思路来理解人的现实性问题了，他提出了对人的本质理解的新视角和新观点：人的本质不是单个人身上的固有物，在其现实性上是一切社会关系的总和。显然，这比当初从单个人的本质的角度来理解人的本质问题要深刻得多。

在马克思看来，在现实的资本主义社会中，人与人的关系却发生了严重的异化，这种异化表现为双重性：第一重异化就是其 1844 年手稿中指出的，人与人之间的关系异化成为物与物之间的关系。由于所有的财产都成了私有财产，人们生产或者劳动的目的不再是为了人本身或者对人的本质力量的获得，而是表现为对物的疯狂追求。在这种情况下，人与人之间的关系就不再是人的类本质关系的共享，而是直接表现为物与物之间的关系。第二重异化是在第一重异化的基础上，即经过物与物之间的关系，再次被异化为货币主义的中介的自主活动。而在马克思看来，正常的交换关系的中介只能是帮助完成交换关系的手段或者工具，物与物之间的交换关系的本质也应该且只能是这种关系本身。然而，在资本主义社会中，货币的角色已经发生了改变，即作为交换关系的中介的工具的货币已经上升到了另外一个层面即"真正的上帝"的层面。

---

① ［德］路德维希·费尔巴哈：《费尔巴哈著作选集》（上），荣震华、李金山，译，北京：三联书店，1959 年，第 598 页。

换句话说，以货币为中介的交换关系中，真正占据主导地位的俨然是货币这个原本只是工具的存在物了，货币成了控制人的一种"权力"性的存在，人们对它的崇拜变成交换的目的了，任何的"物"一旦离开了作为中介的货币，就没有任何价值可言了。马克思尖锐地指出，在资本主义社会里，正是由于这双重异化状况的存在，人之于货币的奴隶性地位达到了顶端和极致。

马克思在《穆勒评注》中摘录了许多穆勒关于"交换"的观点。他站在工人阶级的立场上，从当前的经济事实出发，对资本主义社会的异化特征进行了深入的研究。因此可以说，在《穆勒评注》中，马克思是立足于以人本身为中介的人与人之间的关系上，展开对资本主义现实生活中的货币关系的批判的，这与"第一手稿"中马克思立足于符合类本质的人与人之间关系的层面来批判现实社会的劳动异化是一致的。马克思指出："人对自身的关系只有通过他对他人的关系，才成为对他来说是对象性的、现实的关系……通过异化劳动，人不仅生产出他对作为异己的、敌对的力量的生产对象和生产行为的关系，而且还生产出他人对他的生产和他的产品的关系，以及他对这些他人的关系。"① 也就是说，此时马克思并不是站在非关系性的孤立的人的逻辑支点上来谈论人的异化问题的，而是立足于对人的类本质的丰富内涵的解读之上的。需要指出的是，在后来的《资本论》中，马克思正是运用了从抽象上升到具体的科学方法论，才揭示出了商品关系的本质。当然，这与马克思对资本主义社会内在矛盾的解读是紧密联系在一起的。我们且看马克思是如何分析这个问题的。

由于站在费尔巴哈抽象人本主义逻辑的立场和视角，此时的马克思

---

① 《马克思恩格斯全集》第 3 卷，北京：人民出版社，2002 年，第 276 页。

认为人的劳动应该是人的存在力量的自我实现，人原本在劳动中应该是一种自我享受，然而，在现实的经济事实中，劳动者生产出来的劳动产品却没有被生产者直接消费掉，而是在以货币为基础的交换关系中，以颠倒的形式表现出来。劳动成为劳动者谋生的手段，劳动者在劳动中毫无成就感和满足感而言，在货币作为中介的交换关系当中，劳动主体与劳动对象之间是一种偶然的、非本质的关系，也即异化的关系。工人的劳动不是为了自我实现和体现人的存在本质，而只是一种谋生的手段，是为了满足自身生存的需要。劳动者生产出来的劳动产品对于劳动者而言也是无关紧要的，而是作为等价物的交换价值而存在的。因此，马克思指出，这种异化的"物"其实在客观上实现了对人的全面控制，也建构出了人的自我异化的现实。

二、对货币的本质问题的探究

为什么私有财产必然要发展到货币问题？这其实是一个社会历史问题。此时由于马克思缺乏历史观，缺乏生产线索的思路，只能借助于亚当·斯密的理解来理解人的私有财产。"物骑在马上驱赶人"，即是说，物本身已经不再是过去的属人的"物"，例如在农耕时代，牛、犁等农具都是"我"的，牛看见自己的主人"我"时会很开心；但现在显然已经不再是这样，"我"的"物"已经成了"他"的"物"，因此，货币拜物教就自然而然地发生了。

站在费尔巴哈抽象人本主义立场上看，马克思从自由自觉的劳动的视角指出，符合人的类本质的人与人之间的关系，应该是通过人与人之间相互的交往，进而实现对人的本质力量的共享，这种关系应该以人本身而不是别的东西为中介，因此，真正的"财产"其实就是人的本性或者本质力量的直接体现，而"财产"与"财产"之间的交换也就是符合人的类本质的人与人之间的交往。马克思对此指出："我们已经看到，在被积极扬弃的私有财产的前提下，人如何生产人——他自己和别人；直接体现他的个性的对象如何是他自己为别人的存在，同时是这个别人的存在，而且也是这个别人为他的存在。"① 在这里，"私有财产"有两层含义：第一，"应有"（应该有的，法权意识形态意义上的）状态下的私有财产，也即是"我个人"拥有、别人不能用的私有财产；第二，"实有"（"谁"）状态下的私有财产，也即谁成为私有财产的私有者，这是人本主义框架下对私有财产的批判。

在马克思的文本中，早期出现的"信用业""银行业"等也都是具有人本主义色彩的话语，马克思真正对"信用""银行"的本质认识是在《资本论》的第二卷中。而在《穆勒评注》中，马克思是把"信用"当作一个可以支付货币的东西来认识的，因此无法进入到"信用制度"的本质当中去。殊不知，"信用制度"只有也必须和"产业资本"联系在一起的时候才能被获得更加深刻的理解。华尔街的融资使其声明大扬，最终导致金融资本控制了产业资本，正是在这一意义上，2008 年席卷全球的经济危机表现为金融危机。马克思认为，人就是直接的人，不要掺杂着"物"这一中介，如同黑格尔认为国家就是公民国家一样，不要有利益等因素的进入；也如同费尔巴哈认为人就是作为"类"本身进入到类中间里的，因此不要以"商人"的面孔进入到属于"类"的共同体当中来，而应当以"爱的宗教的人"的面孔进入。此时的马克思对此种现象深恶痛绝。"物骑在马上驱赶人"的现实让马克思感到不满的地方就在于，他认为国民经济学没有谈论人，而是以"作为私

---

① 《马克思恩格斯全集》第 3 卷，北京：人民出版社，2002 年，第 298 页。

有者的人"为出发点来探讨"交往"。因此，当前学术界往往将"交往异化"当成《穆勒评注》的一个核心词语来看待。其实，"交往"概念只不过是一个哲学概念而已。之后的《德意志意识形态》中重点探讨了"交往形式"概念，它涵盖了人与人之间的各种交往，包括"物质交往"和"精神交往"两大类。马克思认为，国民经济学是没有人性的，只是停留在"私有者"的交往层面谈及交往，是一种外化的交往。因此，在这里，马克思的思路与《1844年经济学哲学手稿》中第一手稿的思路没有质的区别。

我们知道，费尔巴哈也多次讲到"社会"，但是他眼中的社会主要是指"类"的社会。此时马克思的眼中"社会"与费尔巴哈的"社会"有着相似之处。其逻辑根据是，"人的本质是一切社会关系的总和"，因此，社会的本质也就等同于人的本质。其实，人本主义哲学史中的社会、本质、人的本质都是从人加人再加人也即单个人的不断叠加的视角，来谈及人与人之间的关系，是"人"作为"人本身"进入的，类似黑格尔哲学语境中的国家就是"公民"的真正进入。这个"社会"概念就不是反思的结果，"利己主义"也不是价值判断上的利己主义，它是私有制经济下的利己主义，是个人在积极实现自我的过程中的"个人"。也就是说，人如果不是以"商人"、利己的、私人的面孔出现，这个人就是异化的。这类似于黑格尔语境中的"国家"概念。如果这个"国家"里的个人不是以公民身份进入国家的，而是以利己的获利的目的从国家捞取好处，那么这个国家就不是真正意义上的国家，或者说是一个异化了的国家。例如，在当前的温哥华，30%都是华人，因此在他们的语言里汉字被印得很大，英文字却很小，甚至还有人要求把汉语作为官方语言来对待。但是，许多华人是带着资金进入这个城市的，且在很大程度上，这些资金是通过剥削其他人所获得的，因此对于渥太华这个城市来说，这些华人就不能说是以公民的身份进入的。

我们认为，"实践"内涵之所以有着多种多样且歧义丛生的理解，是因为我们没有正确地认识和对待"实践"的内涵本身。一旦看到了"实践方式"的本质，我们就必然会思考为什么会出现这一"实践方式"，也必然会进一步思考到与"实践"联系紧密的生产关系问题。然而，遗憾的是，当前理论界却不重视这一点，而是简单化地笼统地将马克思不同思想发展阶段的文本孤立化地理解和解读，简单地、不加区分地认为，《1844年经济学哲学手稿》就是关注人的异化问题，《德意志意识形态》就是重视交往问题，《资本论》就是重视商品、货币以及剥削问题。如果这样简单理解的话，马克思要想单独去批判货币关系，《资本论》也就可以被直接理解为《1844年经济学哲学手稿》的扩展而已。许多人惯于将马克思对资本主义社会的批判理解为对货币关系的批判，认为马克思对资本主义社会的批判就是对货币关系的批判。从深层次上看，马克思对资本主义社会的批判就是对生产力或生产方式的批判，这才是批判的根本。试想，当今的金融资本主义的剥削是不是就是简单的资本家工厂的剥削，以及人与人之间交往的物化？我们应该看到，当今人的异化绝不再仅仅表现为交换关系的异化，而是表现为等级制的剥削。在金融资本主义社会中，许多小资本家、银行职工都有股份在公司里面，经营者在其中获得的奖励一般表现为股票，谁的股票越多，谁就越来越占据主导地位。这样，经营者的利益就与股票的数额紧密联系在一起。在这种情况下，我们已经习惯于不再从生产力的线索出发来理解生产方式的问题了。列宁当年致力于研究金融资本的对外输出问题，却没有从根本上研究金融资本在国内的霸权统治问题，这是因为，当时的列宁认为，是帝国主义的剥削导致了无产阶级的革命问题，因而这是一个政治问题，毋宁说，他忽视了哲学的追问与反思。坚持以历史唯物主义的立场和视角看待问题，就决不能仅仅从异化而不是生产方式问题出发，如果这样，这种批判就与人本主义批判没有根本的区别了。而只有正确、透彻地理解了历史唯物主义，我们的研究才会对学术有所裨益，我们自己也才会有深刻感悟。一些人之所以把马克思的历史唯物主义当作普世的东西例如"异化"来理解，其实就是没有从根本上理解历史唯物主义的内在精神。我们看到，"人与人的关系"变成了"物与物的关系"在人类社会的早期阶段就有，马克思只是强调了这一过程在资本主义社会的完成状态。也就是说，它在资本主义社会有了新的运作机制和表现形态。殊不知，在奴隶社会和封建社会都有异化的基始，只是到了资本主义社会才实现了异化的完成，而"普及化"的异化之所以能够在资本主义社会而没有在奴隶社会或封建社会实现完成状态，根本原因是因为资本主义社会生产力的高度发展。因此，是"生产力"的线索而绝不是"异化"的线索提供给我们认识这一现象的根本。

三、交往异化的根本问题在于私有制的出现

《穆勒评注》中所谓的"交往异化"有这样两种模式:(1)交往异化;(2)沿着资本主义社会的生产线索去引入这个阶段的异化而不是其他。批判的实质是自我扬弃或自我超越意义上的批判，这是黑格尔意义上的批判，是一种真正的哲学批判。了解了这一点就会发现，马克思此时的问题是很明显的。他对"交往"问题的思考停留于"睁大眼睛发愣"的茫然状态。因为对生产力状况的忽视，使得他根本无法把握

并深刻认识交往的实质到底是什么。因此可以说，《穆勒评注》其实就是《1844年经济学哲学手稿》人本主义逻辑批判话语的延续，是将人与人的关系解读为物与物的关系的思路的继续，这就是此时马克思思考问题的根本所在。也就是说，写作《穆勒评注》时的马克思并没有超越1844年写作经济学哲学手稿时的思路。遗憾的是，人们在谈论马克思的分配问题、交往问题时往往惯于抓住马克思的只言片语去进行解读，而不从生产力或生产方式问题入手去思考，因而在结果上造成了只是囿于批判人的某些不人道行为的现象，而深入不了问题的实质。

在马克思看来，由于劳动者自身同劳动产品相分离，劳动产品本来应该属于劳动者自身所有，它本来就是劳动者实现他自己作为类本质的证明，但是事实却不是如此，因而，劳动者与劳动产品之间是一种异化关系。而且，在资本主义社会里，不仅劳动者同劳动产品之间存在着异化关系，资本家作为劳动资料的拥有者，他通过货币支配他人的劳动产品，从人自身的存在意义的角度来说，资本家也是一种人的自我异化，因为他自己没有生产，只是用货币购买了别人的劳动成果，而一种真正符合人的类本质存在的现实就是，劳动产品并不具有商品交换意义上的价值，而只是具有作为人的类本质或生命力之表征的"价值"。因此，对于资本家来说，他通过购买劳动力而获得的东西只是一种异化的价值，即交换关系，而没有获得劳动产品的真正"价值"，即人的类本质之对象化的"价值"。从这一角度上看，在资本与利润的分离中，资本家也是人的自我异化的体现。在马克思看来，无论是工人还是资本家，都是以自我异化的形式和相互异化的形式表现出来的，其原因在于以货币关系为基础的私有制。在《1844年经济学哲学手稿》的"第一手稿"结尾处，马克思指出："首先必须指出，凡是在工人那里表现为外化的、异化的活动的东西，在非工人那里都表现为外化的、异化的状态。其次，工人在生产中的现实的、实践的态度，以及他对产品的态度（作为一种内心状态），在同他相对立的非工人那里表现为理论的态度。"① 之所以会有这样的认识，是因为此时的马克思还不能透彻地认识到工人与资本家之间的真实的社会关系，也不能清楚地理解这种社会关系的内在矛盾性与规律所在，这直接导致他无法从历史唯物主义的角度来完成对资本主义社会的批判。因此可以说，马克思站在人本主义的抽象逻辑层面上，看到的是工人与劳动产品的异化，也看到了资本家同工人的异化，资本家即便拥有再多的钱，拥有再多的劳动产品，但是从人的类本质的实现层面来看，他的存在不是通过自由自觉的劳动来完成的，因而也是一种自我异化。

更重要的是，在资本主义社会里，物的价值也发生了异化，因为物品应该是人的个性或者人的尊严的体现，物品应该是以人本身为中介的人类交往活动的工具或者手段，在物与物的交换中，别人通过使用我的物品，他作为"人"的类本质应该得以更加清晰地展现出来，他的类本质的对象化的特征也应该非常明白地得到证明，因为别人在使用我的物品的过程中，我自身的本质力量可以得到更好的证实，在人作为人而存在的状态中，只有符合人的类本质的人与人之间的直接交往关系，才是完全符合人的类本质因而才是有尊严的关系。然后，在私有制的条件下，所有这一切都发生了颠倒和异化。"我"生产的物品不是"我"作为一个"人"而进行的生产的证明，不是为"我"自己而生产的，而是为了人的私利即占有别人产品的愿望而生产的，这其实说明了"我"实际上被我所生产的物品所控制着，"我"成为"我"自己生产的物品

---

① 《马克思恩格斯全集》第 3 卷，北京：人民出版社，2002 年，第 280 页。

的奴隶了。而且，对于资本家来说，并没有真正把工人当作"人"来看待，毋宁说，资本家只不过是想占有工人生产的产品而已，因此，马克思指出，这种自我异化与相互异化就表现为，我既不把自己当人看，也不把别人当人看，且这两种状况是紧密联系在一起的。因为当我生产的产品排斥作为人的他人的时候，其实我自己也必然被排斥于真正的财产之外。在此基础上，马克思指出，更为悲哀的是，在私有制条件下，人们似乎已经习惯了这种自我异化与相互异化的现实，而遗忘了以人本身为中介的人与人之间的直接存在事实。"现实生活中的我可能会把它理解成我在神经错乱时才提出的要求。正因为此，马克思说，物的价值的异化语言倒成了完全符合于自我认可的人类尊严的东西。"①

马克思此时将大量的笔墨用在"交往"上，原因在于他对"生产"的认识不够，因为他此时深受费尔巴哈人本主义思想的影响，此时的他仍然理解不了黑格尔国家观的实质。黑格尔心中的那个"国家"，是市民社会里每个"公民身份"的进入而绝不是利益关系的进入，是一种内在意义的国家。在《穆勒评注》中，马克思之所以对"人的关系仍然表现为物的关系"颇为恼火，原因在于，他希望看到的"人的关系"是一种"直接的"人的关系，而不是一种"物的关系"，因为人在与人的交往中并不想得到物。这主要是因为，写作《穆勒评注》时的马克思还未关注到分配问题，因为分配问题的核心是公平或不公平问题。此时马克思自身的理论水平使他还不能对分配问题作深入研究。只是到了《哲学的贫困》中才有了对分配问题的认识，在谈论"直接劳动""简单劳动"等话题中才得以切入到对分配实在的内容当中来认识分配问

---

① 唐正东：《马克思恩格斯哲学原著选读》，北京：北京师范大学出版社，2010 年，第75 页。

题。"交换/交往"在此时之所以是他的拿手戏，是因为他对"中介"的使用是他大讲特讲的问题。正因为此，我们总是在追问一个问题：我们今天对马克思主义/西方马克思主义的研究是否有新的角度？是否在根本上推动着马克思主义研究的不断深入？例如《资本论》我们完全可以从新的角度去研究，比如从"权利"角度来解读。我们可以立足于今天的语境，去反对或批判等级制的金融资本主义的剥削问题。但是，这样说绝不是说去苛求马克思当年在《资本论》中有"等级制剥削"之类的话语，请注意马克思写作《资本论》的时间是 20 世纪的中叶。哈特的"非物质劳动"之所以与传统工厂的劳动不一样，就在于它的劳动时间是不固定的，它已渗透到当代人的日常行为的每一个角落里了。

在谈到"内涵的劳动量"时，马克思此时的理解是，人此时都变成了"物"，或者李嘉图所谓的那个"帽子"。显然，马克思此时对"劳动价值论"还不能科学地理解。他只是看到了"劳动价值论"上的需求与供给之间由于不平衡而导致的波动现象，而看不到其背后的本质是价格与价值关系问题。此时的马克思认为，穆勒的问题在于他没有看到人与人的关系变成了物与物的关系。人与人的关系其实是不需要"中介"来完成的，人与人是可以直接走到一起去的。然而，"人的行动变成了物的行动"，人与人的关系等同于物与物的关系。"人的活动变成了货币的活动"，此时人的世界满眼皆是货币。在农耕时代，人们如果没有货币可以生活半年或一年没有问题，因为很多东西可以自己去制作，集市不是时时刻刻开放，至少需要半月或者一月才开放一次，南方的集市开放次数比北方多一些。然而在今天，人与人的关系俨然已经变成了货币关系，人的价值只有通过货币才能够得以表现，这是人与人的关系的典型异化。如果人的价值不能通过货币来表现，人就没有了价值。有了交换的"中介"（例如羊、斧子、贝壳等）的存在，交换就变得方便起来。因此，"货币"从根本上说就是"政治"附加在其身上的职能。当前的法国调节学派例如阿格里塔就是研究货币历史问题的一个专家。他认为，货币的实质就是政治权力赋予它的一种权力，做假币就是违法行为。

在谈及"谋生的劳动"的性质时，马克思认为，交往关系的前提是劳动成为直接谋生的劳动。当然，在这里，劳动概念不是人的生命力的真实展现过程，是为了谋生而不得不进行的活动，因而，谋生劳动是不符合人的类本质的表现。在此时马克思的思路中，"金丝鸟"同样也不符合人的本质，因为它也不是人的生命力的真实表现。人一旦不劳动了就没有了人的味道。然而，马克思认为，以功利的目的和方式去劳动就是异化，因为"谋生劳动"与人的使命之间没有必然的关系，是一种异化的劳动。例如，我们今天在工地上看到太阳下挥汗如雨的农民工，很难从他们身上看到什么使命感，因为他们之所以辛苦劳作，只是为了获取谋生的资本，农民工很难走入"意义"的境地；与之相对应的是，农民之所以对土地怀有特殊的感情，是因为在他们心里，土地是承载着他们生命意义的一个载体。然而工人却很难将产品当作凝聚他生命价值的关系来看待。因此从根本上说，"谋生劳动"是将劳动视为谋生的一个手段的劳动，是没有意义的劳动，也就是马克斯·韦伯所说的"生命意义的丧失"。在今天的中国，"生命意义的丧失"在很大程度上使得许多领域矛盾丛生，危机多样。例如在当前学术界，许多人发表论文、著书立说，这对于他们来说，根本不是自我生命感的展现，不是为了体现自我作为一个负责任的知识分子的价值，而是为了评职称、晋升、捞取利益之功利需要。再如,在当前中国的社会底层,"生命意义的丧失"使得社会治安事件频发,许多人工作的出发点就是为了赚取养家糊口的资本,然而,赚钱绝不等于生命的意义的获得。如果他所从事的工作不能承载其活着的意义,展示他原本的才能,而是为了谋生的需要,一旦在工作中出现什么困境或问题,他就极有可能采取不理智、不冷静的甚至是极端的方式来处理问题。也就是说,失去了意义的承载,其结果自然就是,人极易走入极端,将一个微小的、极其偶然的事件扩大成为一个影响其生命的"大事"来看待。

在此时马克思的心里,购买产品的人自己不生产产品,这自然不是直接的劳动。在马克思看来,谋生劳动本身就是非直接劳动,其对立面是生命力本质的劳动即"自由自觉的劳动",因此,"谋生劳动"其实就是异化劳动的另一种表述罢了。因为从根本上看,劳动与资本的分离等同于工人与资本家的分离。请注意,这里的"分配"只是"分配"的物质形式和自然形式,而不是社会形式和历史形式。也就是说,机器大工业不是机器的时期,机器只是物质和自然的形式;在具体的社会历史形态中,需要去思考究竟是谁在使用机器大工业。例如,在资本主义社会里,机器大工业越发达,工人受剥削的程度却越大。

正是在这一意义上,黑格尔才断言,历史就是哲学的历史;如果不是,历史就成了考古学。在黑格尔的语境中,"历史"是从"客观的"历史上升到"批判的"历史再上升到"哲学的"的历史的过程,最终,历史成了哲学史。在黑格尔看来,只有哲学史才是根本的历史,是终极意义上的历史。历史绝不是"一个随意任人打扮的小姑娘",如果将"历史"的核心精神去掉了,历史就成为随意被人摆弄的凌乱的事件或人物的简单堆积了。也正是在这一意义上,马克思认为,历史就是实践史。不经过实践改造的历史对马克思来说是没有意义的，这种历史就是一大堆凌乱不堪的琐碎事件的堆积，这是《德意志意识形态》中所明确指出来的一个观点。马克思哲学的意义在于它发现了"实践"不是一个终极的概念，"实践"其实是一个很"狡计"的概念。工业社会中工人的实践能力越强，工人受剥削的强度也就越大。于是马克思开始据此进一步进入对"实践"本质的剖析当中，发现了历史原本就是生产力与生产关系的矛盾运动的运用史。显然，这是"历史就是实践史"的进一步推进。而在存在主义者海德格尔那里，历史就是思想的历史。然而，马克思是一个以改造世界为己任的哲学家，他认为生产力与生产关系的矛盾运动需要讲明白、说透彻，并不能因为个别人的片面理解而受误导。

关于当前社会的"消费"问题，西方马克思主义思想家们的解读非常丰富，其中最典型的代表是鲍德里亚，其代表作是《消费社会》和《生产之镜》。特别在《生产之镜》里，鲍氏提出了一个核心观点：在今天的消费社会里，是商品的交换价值创造了商品的使用价值。鲍德里亚认为，传统的那些原本用来使用的东西在今天都已经改变了身份或角色，例如，在西方社会以别样建筑构造出来的教堂、祭祀的东西等的目的都不是用来使用的，毋宁说，它们已经成为一种神性的象征。我们知道，在欧洲的许多国家，许多教堂都是欧洲文化的精神的凝缩，它融入了大量的科技因素；许多大教堂在设计和构造上都是极为讲究的，在设计时，需要考虑的因素非常多，比如如何选择和确定教堂的具体位置，如何让上午十点钟左右的太阳能够不偏不倚地照射在教堂的主轴上等问题，因此可以说，教堂本身的设计已经不再仅仅涉及建筑学的知识了，毋宁说，它是吸收了天文学、地理学、建筑学、宗教学、哲学等多学科的理论营养的结果。鲍德里亚据此认为，在今天的资本主义社会，许多东西之所以都没有了灵性和神性，是资本主义在作怪。因此，交换价值创造了使用价值。鲍德里亚的问题在于，作为一个社会学家，他忽略了交换价值的抽象，看不到资本主义社会里使用价值的本质是什么。即是说，他只是认识到了交换价值的第一步而没有认识到交换价值的第二步。他认识不到，在资本主义社会里，商品的"有用性"是用来增值的；如果一个商品可以不通过"有用性"而可以直接达到增值或实现增值的目的，它就可以绕过"有用性"这一环节而实现增值的目的。C-M-C′的过程表明创造商品的过程是一个具体化的过程，而 M-C-M′的过程却表明了资本的增值是一个抽象的过程。当然，一般情况下，对于资本家来说，他非常看重商品的使用价值，因为商品没有使用价值就不容易被卖掉，其利润也就无法实现。鲍德里亚指出"商品的交换价值创造了使用价值"的用意在于，他是想用此来区别前工业社会农耕文明时期的"无用性"概念。其实，鲍德里亚的理论是很不彻底的。殊不知，使用价值本身也是一个不断变化的概念，这一点他根本没有看到。鲍德里亚不是哲学家，因而他看不到，在资本主义社会里，如果条件成熟或具备，资本主义的使用价值其实是可以忽略掉的。我们认为，鲍德里亚的思路多半是社会学、文化学的批判思路。也就是说，在资本主义社会里，资本不关心使用价值，它只关心如何实现增值的问题，也即从 M 到 M′是可以直接实现的，"C"是什么从根本上说并不重要，资本的抽象化实现过程才是根本。资本主义的使用价值其实并不重要，使用价值是为了实现增值的目的在不得不需要的时候才出现的。其实，当前金融市场的资本的运作就是如此。对于资本来说，不一定要有使用价值。如果资本可以直接甩开使用价值，它照样可以完成其增值的本性和目的。在《生产之镜》中，鲍德里亚认为，商品的使用价值本身就是交换价值创造出来的，这也是他借此批判马克思的地方。在商品社会里，从来就不可能有脱离交换价值的使用价值，就像不可能有脱离生产关系的生产力一样。鲍德里亚对马克思思想的理解显然受到了前苏东一些思想家的影响，不过也不足为奇，他原本就不是研究马克思思想的专家，说他是一个研究现实问题的社会学家也许更为准确一些。

在《穆勒评注》中，马克思所认识的"消费"仍然定位于人与人之间的关系问题上。而且，在谈到"消费"的问题时，马克思又谈到"交换"的话语当中去了。也就是说，此时的马克思是没有能力将"消费"问题阐释清楚的。我们看到的是，此时的马克思其实仍然在谈论人的异化问题。作为消费的物质形式或自然形式，"消费"确实是没有什么东西可以讲的。即是说，"消费"就是通过土豆与面包的"交换"而得来的结果，作为社会（历史）形式的"消费"概念此时是缺席的。"消费"问题后来是通过消费工人的"拜物教"才讲清楚的。当然，我们也不能在此苛求马克思。鲍德里亚在《消费社会》一书中将"消费"视为消费社会里的意志"霸权"，资本通过消费完成了话语霸权，但是他并没有看到，哪里有压迫哪里就有反抗，人们在这一霸权中并非束手待毙，而是在以各种反对资本霸权的方式完成了另一种意义的霸权。鲍德里亚的悲观情调是可以理解的。正因为此，鲍德里亚指出，在消费社会的霸权面前，人只有通过"暴死"（列斐伏尔主张通过乌托邦革命）才能解决诸多问题。正因为此，鲍德里亚甚至在学理上还比不上吉登斯。吉登斯的"控制辩证法"的精神实质在于，主张任何一种压迫都是双向的，都不是孤立存在的；而鲍德里亚认为，在消费社会里，资本的殖民是一个无限殖民的过程，吉登斯却认为这是不可能的。"无限殖民"真的存在吗？在今天的中国，我们看到的情景是，消费社会推进到什么地方，反抗就会在什么地方出现。无疑，吉登斯的思想显然比鲍德里亚走得更远，其逻辑思路也更加完整。因此，鲍德里亚的批判虽然在学理层面上完成了一种理论建构，他对消费社会的批判理论的确为今天我们解读消费社会树立了一个典型，这一点毋庸置疑，然而，从历史唯物主义的视角来看，他的深刻之处也仅限于此了。

四、从劳动异化走向社会关系的异化

马克思第一次对共产主义状态下人类获得解放的确定，是在 1844 年写下的《詹姆斯·穆勒〈政治经济学原理〉一书摘要》中。当他进一步批判了资本主义社会中存在的经济异化之后，作为这种不合理的主客体颠倒现象的消除，他设想了未来人类解放之后的生存状态（当然在这里的文本中，马克思并没有明确说明这种主体的复归就是共产主义）。此时马克思只是从"人"的应该具有的类本质要求对此作了这样一个理想化的描述："假定我们作为人进行生产。在这种情况下，我们每个人在自己的生产过程中就双重地肯定了自己和另一个人：（1）我在我的生产中物化了我的个性和我的个性的特点，因此我既在活动时享受了个人的生命表现，又在对产品的直观中由于认识到我的个性是物质的、可以直观地感知的因而是毫无疑问的权力而感受到个人的乐趣。（2）在你享受或使用我的产品时，我直接享受到的是：既意识到我的劳动满足了人的需要，从而物化了人的本质，又创造了与另一个人的本质的需要相符合的物品。（3）对你来说，我是你与类之间的中介人，你自己意识到和感觉到我是你自己本质的补充，是你自己不可分割的一部分，从而我认识到我自己被你的思想和你的爱所证实。（4）在我个

人的生命表现中，我直接创造了你的生命表现，因而在我个人的活动中，我直接证实和实现了我的真正的本质，即我的人的本质，我的社会的本质。"① 紧接着，马克思又进行了一种人类主体在异化与非异化不同状态下的对比性逻辑分析：其一，在非异化的主体状态下，"人的劳动是自由的生命表现，因此是生活的乐趣。在私有制的前提下，这是生命的外化。因为我劳动是为了生存，为了得到生活资料。我的劳动不是我的生命"。其二，在主体状态中，"我在劳动中肯定了自己的个人生命，从而也就肯定了我的个性的特点。劳动是我真正的、活动的财产"，② 在私有制的前提下，劳动变成了一种"被迫的活动"，对人来说是一种痛苦，在主体自己的活动中人的个性反而同人疏远了。这也就是接近了这样一种观点，劳动是人类主体的本质，通过扬弃劳动的异化复归于人的真实本质就是人类解放的根本了。当然在这里，马克思没有进一步说明这一新的具体的理论观点。应该指出，马克思这时已转到无产阶级政治立场上，并开始寻求推翻资本主义、进行无产阶级革命的根据。我们进一步看到，他在不久后写下的《1844 年经济学哲学手稿》中所创立的劳动异化理论，其现实指向正是在更加深刻地批判资本主义社会的经济生活。自然而然，这也必然会成为他导引出共产主义和人类解放的重要逻辑工具。我们发现，马克思在此非常深入地批判和否定劳动异化，正是要求能够扬弃异化从而复归于人的真实本质（这也是异化理论的内在逻辑要求）的需要。这个劳动异化（私有制）的扬弃也就是共产主义。与《穆勒评注》中的逻辑思路一样，在这里，共产主义也还是价值论中的"应该"，因为马克思并没有确定其在经济现实发

---

① 《马克思恩格斯全集》第 42 卷，北京：人民出版社，1979 年，第 37 页。

② 《马克思恩格斯全集》第 42 卷，北京：人民出版社，1979 年，第 38 页。

展中的客观必然性,特别是他还没有真实地找到通向这一目标的现实道路。马克思分析道,在资本主义社会的生产过程中,"通过异化的、外化的劳动,工人生产出一个跟劳动格格不入的、站在劳动之外的人同这个劳动的关系。工人同劳动的关系,生产出资本家(或者不管人们给雇主起个什么别的名字)同这个劳动的关系。从而,私有财产是外化劳动即工人同自然界和自身的外在关系的产物、结果和必然后果"。①"异化劳动是私有财产的直接原因。"② 而人类"社会从私有财产等等的解放、从奴役制的解放,是通过工人解放这种政治形式表现出来的,而且这里不仅涉及工人的解放,因为工人的解放包含全人类的解放"。③所以,在这种情况下,"私有财产的积极的扬弃,作为对人的生命的占有,是一切异化的积极的扬弃,从而是人从宗教、家庭、国家等等向自己的人的即社会的存在的复归"。④ 这个社会的存在也就是人作为主体的生命存在,也是马克思这时对共产主义革命的根本确证:"共产主义是对私有财产即人的自我异化的积极的扬弃,因而是通过人并且为了人而对人的本质的真正占有;因此,它是人向自身,也就是向社会的即合乎人性的人的复归,这种复归是完全的复归,是自觉实现并在以往发展的全部财富的范围内实现的复归。这种共产主义,作为完成了的自然主义,等于人道主义,而作为完成了的人道主义,等于自然主义,它是人和自然界之间、人和人之间的矛盾的真正解决,是存在和本质、对象化和自我确证、自由和必然、个体和类之间的斗争的真正解决。它是历史

---

① 《马克思恩格斯全集》第42卷,北京:人民出版社,1979年,第100页。
② 《马克思恩格斯全集》第42卷,北京:人民出版社,1979年,第101页。
③ 《马克思恩格斯全集》第42卷,北京:人民出版社,1979年,第101页。
④ 《马克思恩格斯全集》第42卷,北京:人民出版社,1979年,第121页。

之谜的解答，而且知道自己就是这种解答。"① 这是马克思关于共产主义说得最多的一段话了。共产主义是一种理想，保持着理想与现实之间的张力；共产主义的核心理念就是私有观念的彻底扬弃。在实现共产主义的过程中，占有的观念应该逐步被消除。共产主义不是一个纯粹的空中楼阁，它的实现建立在被它放弃了的私有财产的统治的时代。显而易见，马克思这里关于共产主义和人类解放的表述还带有很浓厚的人本主义色彩。同时，马克思这里所获得的共产主义结论并不是社会发展的客观规律，而是一种带有伦理意味的主体辩证法逻辑推论的结果。

在马克思看来，共产主义是对私有财产的积极扬弃，它扬弃异化劳动并不否定对象化劳动。因为对象世界是人的本质的对象化，重新占有对象世界不过是人一度丧失的本质的复归。当然这种占有不再是个人的片面的占有，而是以社会的方式，以一种"全面的方式"对人自己的全面本质的真正占有。同时，共产主义也是自然界向人的生成。自然界通过人类的生产活动变成完全属人的自然界；而人只有作为社会的人才能真正地占有自然。似乎是在未来学的意义上，马克思充满热情地写道："因此，社会性质是整个运动的一般性质；正像社会本身生产作为人的人一样，人也生产社会。活动和享受，无论就其内容还是就其存在方式来说，都是社会的，是社会的活动和社会的享受。自然界的人的本质只有对社会的人说来才是存在的；因为只有在社会中，自然界对人来说才是人与人联系的纽带，才是他为别人的存在和别人为他的存在，才是人的现实的生活要素；只有在社会中，自然界才是人自己的人的存在的基础。只有在社会中，人的自然的存在对他来说才是他的人的存在，而自然界对他来说才成为人。因此，社会是人同自然界的完成了的本质

---

① 《马克思恩格斯文集》第 1 卷，北京：人民出版社，2009 年，第 185—186 页。

的统一，是自然界的真正复活，是人的实现了的自然主义和自然界的实现了的人道主义。"① 同时，马克思也通过一种对比性质的逻辑尺度进行了分析，但是这一次比在《穆勒评注》中的对比分析要更加深入得多。如果说在以往的异化和私有制状态下，"人变成了对自己来说是对象性的，同时变成了异己的和非人的对象；他的生命表现就是他的生命的外化，人的现实化就是他失去现实性，就是异己的现实"。而在扬弃了私有财产的共产主义中，人的活动是"为了人并且通过人对人的本质和人的生命、对象性的人和人的产品的感性的占有"，"也就是说，为了人并且通过人对人的本质和人的生命、对象性的人和人的产品的感性的占有，不应当仅仅被理解为直接的、片面的享受，不应当仅仅被理解为占有、拥有。人以一种全面的方式，作为一个完整的人，占有自己的全面的本质。人同世界的任何一种人的关系——视觉、听觉、嗅觉、味觉、触觉、思维、直观、感觉、愿望、活动、爱，——总之，他的个体的一切器官，正像在形式上直接是社会的器官的那些器官一样，通过自己的对象性关系，即通过自己同对象的关系而占有对象。对人的现实性的占有，它同对象的关系，是人的现实性的实现，是人的能动和人的受动，因为按人的含义来理解的受动，是人的一种自我享受"。② 在此，马克思又通过人的感觉的解放进行了说明。他指出，"私有财产的扬弃，是人的一切感觉和特性的彻底解放"，人的原来在异化中被物化的感觉和特性"无论是在主体上还是在客体上都变成人的"。物的地位也就恢复了："只有当物按人的方式同人发生关系时，我才能在实践上按人的方式同物发生关系。"③ 在资本主义社会中，人与人的真实关系颠

---

① 《马克思恩格斯全集》第42卷，北京：人民出版社，1979年，第121—122页。

② 《马克思恩格斯全集》第42卷，北京：人民出版社，1979年，第123—124页。

③ 《马克思恩格斯全集》第3卷，北京：人民出版社，2002年，第304页。

倒地表现为物与物的关系。"异化既表现为我的生活资料属于别人，我所希望的东西是我不能得到的、别人的所有物；也表现为每个事物本身都是不同于它本身的另一个东西，我的活动是另一个东西，而最后，——这也适用于资本家，——则表现为一种非人的力量统治一切。"① 马克思在这里引用莎士比亚在"雅典的泰门"一剧中关于金子的那一段著名的台词之后写道：货币的"神力"实际上是人的能力的异化，这才会让货币能够"使一切人的和自然的性质颠倒和混淆，使冰炭化为胶漆——货币的这种神力包含在它的本质中，即包含在人的异化的、外化的和外在化的类本质中。它是人类的外化的能力"。② "它把坚贞变成背叛，把爱变成恨，把恨变成爱，把德行变成恶行，把恶行变成德行，把奴隶变成主人，把主人变成奴隶，把愚蠢变成明智，把明智变成愚蠢。"③ 总之，金钱使人与人的一切关系都被颠倒了。而在共产主义之中，"人就是人，而人同世界的关系是一种人的关系，那么你就只能用爱来交换爱，只能用信任来交换信任，等等。如果你想得到艺术的享受，那你就必须是一个有艺术修养的人。如果你想感化别人，那你就必须是一个实际上能鼓舞和推动别人前进的人"。④ 显然这是青年马克思理论逻辑中第一次对共产主义中人类解放的最系统的全面论证。但是在这时的马克思的哲学思想逻辑中，共产主义是一种应该达到的理想状态。在这种理想状态中，人类主体又重新恢复了自己应有的主体地位，再一次超越了物质对象，获得了人的全面自由和解放。众所周知，到了 1845 年春天，马克思在《关于费尔巴哈的提纲》和《德意志意识

---

① 《马克思恩格斯全集》第 42 卷，北京：人民出版社，1979 年，第 141 页。
② 《马克思恩格斯全集》第 42 卷，北京：人民出版社，1979 年，第 153 页。
③ 《马克思恩格斯文集》第 1 卷，北京：人民出版社，2009 年，第 247 页。
④ 《马克思恩格斯全集》第 42 卷，北京：人民出版社，1979 年，第 155 页。

形态》中通过实践唯物主义的创立，实现了哲学世界观上的第二次重要转变。也是在这一伟大的思想变革中，他的共产主义人类解放的理论最后成为科学。马克思、恩格斯在《德意志意识形态》一书中，表述了一种全新的关于人类解放的观念。在历史唯物主义的理论逻辑中，马克思不再抽象地说资本主义"不好"，而是首先充分肯定了其在社会历史进程中的必然性和合理性。他不再从外在的人道主义尺度或伦理价值的要求出发，而是着力从社会历史发展本身的内在客观规律出发，去科学地探寻资本主义由于内部自我矛盾所必然导致的消亡。而人类解放也不再是人的本质的异化之扬弃，而是社会历史发展在社会化大生产之上的现实可能性。只是在这里，人类解放和共产主义才不再仅仅是美好的理想，而是社会历史的现实必然性了。

总之，《穆勒评注》的核心主题是：在资本主义社会里，人与人之间的关系变成了物与物之间的关系，它的中介就是货币。这是典型的人本主义的思路，是《1844年经济学哲学手稿》异化批判逻辑的延续。其中，在关于"谋生劳动"的论述中稍微有一点将《1844年经济学哲学手稿》有所推进的地方在于，他没有像1844年写作经济学哲学手稿时那样大谈"异化劳动"，而是将"谋生劳动"作为"异化劳动"的一种表现形式来看待。立足于人性理论的视角，马克思从抽象人本主义逻辑出发，展开了对资本主义经济社会事实的异化现实的批判，显然，这种认识视角不是从社会历史发展的矛盾的视角，因而从根本上无力获得解读异化现象的本质以及科学的超越之路。而真正能够获得认识异化现象的正确方法，是马克思在1845年之后才真正做到的。

第五章

一般历史唯物主义的理论建构：
《神圣家族》的文本解读

　　《神圣家族》的全称是《神圣家族，或对批判的批判所作的批判。驳布鲁诺·鲍威尔及其伙伴》，是马克思、恩格斯合写于 1844 年 9—11 月，1845 年在法兰克福出版的一本哲学著作，也是他们合写的第一本著作，由"序言"和九个章节组成，其主要目的是批判布鲁诺·鲍威尔、鲍威尔兄弟以及他们的伙伴即施里加等人的思辨唯心主义哲学，并在此基础上阐明自己的观点，以及他们自身在哲学思想上的新进展。这本书的重点集中在第四章至第七章，主要涉及马克思、恩格斯对鲍威尔兄弟以及施里加的观点的批判。在《神圣家族》中，我们需要把握的一个根本问题是，马克思、恩格斯此时是如何对待蒲鲁东的法权思维方式的，以及为什么要对布鲁诺·鲍威尔等人的思辨唯心主义哲学展开批判，并且马克思是如何进行这种批判的。我们需要理解的问题是，马克思、恩格斯此时的哲学发展水平是怎样的，他们在这一文本里，对于历史的本质与基础问题、物质生产的理论定位以及对私有制的批判视角是如何完成的等。

　　在早期，马克思、恩格斯与鲍威尔曾经有过一段相互欣赏的时间，但即便在那时，他们的理论旨趣也是不同的。他们对于社会批判视角的理解不同，马克思、恩格斯希望通过理论来批判社会现实，而鲍威尔则热衷于抽象的哲学思辨工作。在这种情况下，马克思很快便与鲍威尔分道扬镳，并且一直不再往来。对于德国学者的"憎恨""怀恨"思想，在与一位法国友人的交谈中，诗人海涅曾经有这样的描述："德国人在憎恨时也是唯心主义者。我们不像你们那样为了一些外物，如为了虚荣心受了挫伤，为了一首讽刺诗，为了未能得到对方回访的名片而怀恨，我们可不然，我们憎恨敌人内心深处的最本质的东西，也就是他们的思想。……我们德国人憎恨得彻底，憎恨得持久：我们德国人太老实，也太愚笨，不会立刻用恶意来进行报复，因此一直憎恨到最后一口气为止。"① 这是诗人海涅眼中德国人的普遍秉性和心性，他们如果仇恨对方的思想，那这种仇恨就是永远的，到死也不会了结。

早在 1843 年 3 月 13 日写给卢格的信中，马克思就对鲍威尔的思想进行了批判，指出鲍威尔的思想其实是一种缺乏具体的抽象思维。在马克思的朋友卢格在巴黎办的一份杂志《德法年鉴》的"论犹太人问题"一文中，马克思又对鲍威尔从宗教解放、政治解放的角度来解读犹太人解放问题的思想进行了批判。因为在当时，新兴的资产阶级要反抗德国的半封建的政治状况，就要争取犹太人平等的权利，并为这种权利进行斗争。在当时，青年黑格尔派的代表人物鲍威尔率先写了关于"犹太人问题"的文章，提出了关于如何实现政治解放的议题。鲍威尔等人认为，德国之所以不具备革命的条件，根本原因在于德国人的自我意识处于基督教思想的笼罩下，因而处于异化状态，因此，现实的做法是，

---

① ［德］亨利希·海涅：《论德国宗教和哲学的历史》，海安译，北京：商务印书馆，1974 年，第 81 页。

应该对导致人的自我意识处于异化状态的基督教展开激烈的批判。正是被这样的观点所支配，鲍威尔等人对现实社会生活层面的批判视而不见，自然也就与唯物主义思想分离开来。同时，鲍威尔还认为，犹太人的解放就是政治解放，而政治解放的实质就是他们从宗教中获得解放。自1843年以来，鲍威尔等人在《文学总汇报》上发表了一系列文章，来宣传和鼓吹他们的主观唯心主义观点，在工人中产生了很坏的影响。与鲍威尔等人不同的是，由于对现实社会存在问题的关注，马克思、恩格斯不但在研究对象上集中于对资本主义私有制社会的现实批判，也在研究方法上逐步摆脱了唯心主义视野，进而走向一般唯物主义和历史唯物主义。当然，这与他们对政治经济学著作和历史著作的研读与思考是紧密联系在一起的。正是在这种情况下，为了有效地阻止思辨唯心主义思潮的泛滥，马克思、恩格斯决定共同行动起来，对鲍威尔等人的"批判的批判"的哲学思维予以清理和反驳。同时，自从马克思、恩格斯在政治立场上从革命民主主义者转变为共产主义者之后，他们就十分关注工人运动的发展状况，并致力于为工人运动提供坚实的理论支撑。鲍威尔等人的思辨唯心主义哲学认为，历史是由少数杰出人物创造的，只有少数杰出人物才能作为"精神""纯粹的批判"的体现者，其才能作为历史的创造者和推动力而存在，广大的一般的人民群众由于无法领会到"精神"的要义，因此只会阻碍历史的发展。显然，这种观点非常不利于工人运动的发展，这也是马克思、恩格斯决定对鲍威尔等人进行系统批判的原因之所在。马克思认为鲍威尔的思辨唯物主义哲学太抽象了，不仅研究流于表面，而且也不正确，还会带来认识上的混乱。因此，马克思决定沿着鲍威尔的思路，继续把问题深化下去。马克思认为，仅仅依靠宗教解放并不能带来真正的政治解放，更不能带来真正的人的解放。因为政治解放只是摆脱了宗教的束缚,使人成为市民社会中的人;而人的解放就需要继续往前推进,把人从自私自利的市民状态解放出来,成为拥有自主意识的自由人。也就是说,政治解放使人摆脱封建枷锁,进入资本主义社会,人的解放则是将人从资本逻辑中解放出来,最终走向共产主义。因此,马克思用一种充满讽刺的意味追问:"自由是什么呢?"① 带着对这个问题的思考,马克思开始了蒲鲁东哲学的研究之旅。

一、对蒲鲁东政治经济学的肯定

站在将蒲鲁东与鲍威尔兄弟以及其他资产阶级政治经济学家相比较的立场上,马克思对蒲鲁东的政治经济学进行了仔细的研读,并提出了自己的观点。这时,他的基本理论视域是鲍威尔兄弟的思辨唯心主义思想的问题之所以,因为鲍威尔兄弟将现实社会中存在的贫穷问题进行抽象的和思辨的解读,把贫穷与私有财产作为一个整体来理解,而不是去追问和思考贫穷和私有制之间的内在关系。而在马克思、恩格斯看来,贫穷与私有财产不是一个整体,他们之间是相互对立的关系,鲍威尔兄弟由于站在思辨哲学的立场上,从而不去研究贫穷与私有制之间的内在运动过程,去寻找所谓的"整体"之存在的前提,其结果必然是在思辨唯心主义层面上获得对这种整体的观念活动的理解,基于此,马克思、恩格斯对于鲍威尔兄弟的哲学极为不满。在马克思、恩格斯看来,资产阶级经济学家们对私有制是持肯定态度的,他们往往将私有制视为天然的、合理的存在,尽管这些经济学家们在理论研究中会感觉到私有制可能与客观现实发生矛盾,因而在个别情况下,也会对私有制的个别

---

① 《马克思恩格斯全集》第 3 卷,北京:人民出版社,2002 年,第 183 页。

形式进行批判，例如，斯密对资本家的批判、李嘉图对于土地所有制的批判等等，但是从根本上看，这种批判只是一种外在的批判，是一种撇开了人性的立场而展开的从经济学的维度上的批判。立足于与鲍威尔兄弟以及施里加相比较的视域，马克思指出，蒲鲁东的政治经济学研究是对鲍威尔兄弟的超越，也是对其他资产阶级经济学家的超越。在马克思看来，与主张将贫穷与私有财产作为一个整体来看待的鲍威尔兄弟不同，蒲鲁东的长处在于他将贫穷与私有制作为一个基本事实来看待，并且明确指出，是私有制带来了资本主义社会的贫穷，因此，私有制在理论上是应该否定的和批判的，而且，蒲鲁东是把整个私有制作为违背人性的现实来看待的，他的理论基点是对整个私有制而不是私有制的个别形式的否定。由于此时的马克思受到"真正的人道主义"思想的影响，他认为，蒲鲁东的政治经济学对于异化的批判是到位的。显然，这是对蒲鲁东政治经济学的极大肯定和欣赏。但是，我们也要看到，马克思在欣赏蒲鲁东的同时，也对他的政治经济学一直以"占有"来取代"所有"的做法颇为不满，因为从人性的层面上看，这种理论层面显然偏低了。因为此时，对于站在人性的层面上来思考问题的马克思来说，他关注的是人性特征的复归，也即无产阶级自身的解放问题，因此对以"占有"取代"私人私有制"的做法甚为不满。

这里需要指出的是，此时的马克思虽然指出了蒲鲁东哲学中存在的一些问题，但是基本上还是认同了蒲鲁东的观点，那么，由此带来的一个问题是：蒲鲁东从法权角度思考问题会带来什么后果？我们知道，法权是一个固定的东西，法权思维方式就是主张从一个东西推导出另外一个东西，例如，公民拥有法权等，即是说，由因推出果：我是一个人，因而拥有权利。因此可以说，法权思维方式其实就是一种由一个事实推导出另一个事实的思维方式。由此需要思考的问题是：法权唯物主义与历史唯物主义以及黑格尔的历史哲学有何区别？其实，对立不是辩证法，只有对立统一才是辩证法。一样东西一半是红，一半是黄，因此这样东西就是红黄相间，这显然不是辩证法。在黑格尔尤其是马克思的辩证法视域中，事物是事物自身外化过程中生长出来的东西，在这里，生产力与生产关系两大因素占据主导地位。因此，法权唯物主义与历史唯物主义是不同的思维方式。如果马克思不能走出蒲鲁东思想的局限，不设法突破法权唯物主义的影响，获得历史唯物主义的思维是很困难的。其实，蒲鲁东原本就不是一个哲学家，他没有接受过黑格尔哲学的熏陶。他的从一个事实推导出另外一个事实来的思维是捕捉不了矛盾关系的。虽然同样是事实，但能否从中看出其中深藏的矛盾关系至关重要。显然，后来的马克思因为捕捉到了生产力与生产关系之间的矛盾运动的事实，最终建筑起了历史唯物主义的理论大厦。历史唯物主义坚持认为，物自身不仅仅是物，它表征的是一种资本关系，是生产力发展到一定历史阶段才出现的一种资本。罗马时期是不可能出现当今资本主义社会的资本关系的。虽然大历史学家布罗代尔认为金融资本主义早在罗马时期就有了，但是我们需要思考一个问题：是否有了金融有了资本的出现就是金融资本主义社会？其实，金融可以表现为商业资本的，许多人都没有弄清楚这一点，但历史唯物主义看到了。例如，今天信息社会我们使用的一部手机，一定是社会生产力发展到一定阶段才出现的，在这部手机身上包含着两个最为基本的要素：生产力和生产关系。请注意，历史唯物主义中的“物”不是指“物体”或“事物”，而是指“生产关系”，是指“历史”发展过程中的“物”。一部手机之所以能够表现出剩余价值的剥削关系，是这个社会生产力发展的必然产物。也就是说，剩余价值的剥削关系不是任何一个社会发展阶段都有的。需要指出的是，一个要素不是从一个事实那里简单推导出来的，一个事实在历史唯物主义那里往往具备两个基本要素，这一点是至关重要的。因此历史唯物主义就是一种科学的方法论，它与简单的"把物当作物"的做法是不同的。马克思从来不想成为一个学院派的历史学家。恩格斯《在马克思墓前的讲话》中也强调，马克思将自己的使命定位为终生以某种方式参与推翻资本主义的事业。因此，必须从法权唯物主义的思维中突破出来，历史唯物主义的科学思维才会成为可能。不理解马克思主义所讲的"物"的内涵，不理解生产力与生产关系的矛盾运动是物的真实表现，历史唯物主义的深层理论内涵就不能被真正理解。

蒲鲁东认为，在资本主义社会里，资本家占有了工人的使用权，但是却并没有给予工人所有权。在蒲鲁东看来，使用权与占有权或所有权是不同的概念。古典经济学家认为，工人付出了劳动，资本家又付给了工人报酬，这是一件在任何人看来都没有问题的天经地义的事情。然而，在蒲鲁东看来，古典经济学家错了。因为无论是资本家还是雇佣工人，每个人都有平等占有/拥有产品的权利。请注意，占有权与所有权是两个不同的概念，而资本家没有弄清楚的是，工人虽然获得了工资和劳动报酬，他只有拥有了产品的使用权，但是并没有占有产品的所有权。因此，私有财产就是盗窃。正是因为私有财产的存在，工人才会变得贫困，是私有财产造成了工人贫困的根源。公正的做法应该是，资本家应该在工人生产出一件产品后，不是一次性地而是源源不断地、过几年产品更新换代后还继续付给工人工资。显然，蒲鲁东是从法权唯物主义的角度出发思考问题的。他认为，每个人都有平等占有社会产品的权利。工资是可以付给工人的，但是工人拿到了工资绝不意味着此时他已经拥有了产品的所有权,毋宁说,工人充其量只是拥有了产品的占有权。正因为此,蒲鲁东毫不客气地把古典经济学家们骂了一通。一般说来,在西方的哲学语境中,"法权"唯物主义可以分为两个学派:理性学派和历史学派。前者认为是人的普遍理性赋予了物的法权;后者则强调是历史形成了法权。蒲鲁东的法权显然来自理性法。从根本上看,蒲鲁东其实并不是一个哲学家,而是一个小资产阶级的法学家和经济学家,他认为法权就是社会占有,社会占有的基本要求就是拥有所有权,而不应仅仅是使用权。

此时的马克思对蒲鲁东的法权唯物主义看得很重。马克思在巴黎时曾经与蒲鲁东彻夜长谈,因此对于蒲鲁东的《贫困的哲学》《什么是所有权》(也翻译为《什么是财产》)的思想了解很详细。需要指出的是,我们要想真正把握马克思此时的思想,就不能只是看到他在批判某个人,而是需要认真地阅读马克思所批判的那个对象是谁,这个人究竟在说些什么,只有这样,然后才能对马克思此时所作的批判是否客观和到位作一评判。了解了这一点后再去研读《神圣家族》这一文本就会容易得多,因为这是一个必要的理论铺垫。需要指出的是,"私有制""私有权""财产权"如果从不同的角度去理解,所得出的结论自然也就不同。我们需要思考一个问题:"私有制"是否就是私有财产的运动?它能否脱离私有制的关系而成立?显然,在不同的所有制结构中,私有财产的内涵和指向是不同的,甚至是相反的。例如以"打猎"为例,在不同的语境下得出的价值判断也不同。佛家是反对吃猪肉的;儒家的入世精神却能够容忍吃猪肉,只是反对在春天万物生长季节吃猪肉,但秋季是可以的。从不同的世界观和方法论去解读,私有制的内涵也是不同的。

"私有制的运动造成了贫穷"，这是蒲鲁东哲学论证的逻辑出发点。在历史唯物主义者那里，贫穷的根源在于生产力与生产关系的矛盾运动；而在法权唯物主义者看来，是"物"的运动导致贫穷。人本主义者往往把事物当作"物化的东西"来看待；而历史唯物主义者却把事物理解为"一切社会关系的总和"；存在主义者把事物当作存在者自身。显然，在这里，蒲鲁东把私有制的运动当作静止的物，最终走向法权唯物主义也就不足为奇了。而货币化生存的人本批判不是马克思历史唯物主义的特点，历史唯物主义眼中的物，一定是生产力与生产关系矛盾运动的产物。也就是说，剥削这种行为，一定是生产力发展到一定的、具体的历史阶段才可能发生的。

马克思此时批判蒲鲁东把私有财产的运动和贫穷合二为一当作一个整体来理解资本主义，从财产出发去认识贫穷，说明此时的马克思还没有能够进入到历史唯物主义的视阈当中，因而还不能理解蒲鲁东思想中的某些深刻之处，自然，也就无法运用历史唯物主义的方法展开对蒲鲁东的批判。鲍威尔深受黑格尔哲学思想的影响，从德国辩证法出发去认识问题，然而年轻的马克思此时却因为未能深刻理解辩证法而批判鲍威尔，认为鲍威尔把私有财产和贫困结合起来的观点是错误的。这充分说明，马克思此时的批判能力是极其有限的。

二、通过对黑格尔思辨哲学的批判来批判施里加的唯心主义

鲍威尔兄弟是德国著名的哲学家，他们的哲学坚持主张把贫穷和私有财产当成一个整体来理解资本主义社会。我们知道，此时的马克思正忙着批判黑格尔，他只是到了《资本论》写作时期才真正认识到了黑格尔的伟大和深刻。并且，此时的马克思还没有认识到，布鲁诺·鲍威尔的思想大多是来自黑格尔的;他也认识不到,只有把贫穷和私有财产变成一个整体来看待资本主义社会才是正确的。只是,鲍威尔兄弟没有看到贫穷与私有财产的根本问题所在,认为贫穷的根源在于人的自我意识的不自由,是自我意识的不自由导致了资本主义社会里人的贫穷。比较起来看,此时的马克思追求的是自由自觉的劳动,鲍威尔兄弟追求的是人的自由自觉的自我意识。在鲍威尔兄弟看来,在资本主义社会里,无论是有钱人还是穷人,他们的自我意识都是不自由的,因而都是一种不自由的自我意识,这使得对贫穷问题的认识需要与人的自我意识结合起来。因此,鲍威尔兄弟的思维是德国辩证法反思的特性的结果,是一种深刻的历史哲学。它不是从一个事实出发引导出另外一个事实来,而是从反思的角度出发去思考事物表象背后的东西,但其根本错误在于是以唯心主义的思维方式进入的。布鲁诺·鲍威尔是青年黑格尔派的代表,善于从黑格尔的"三位一体"视角出发,从自我意识的立场来理解事物。虽然其反思的唯心主义方式有问题,但是反思追问本身是值得肯定的,这是我们了解《神圣家族》这部著作时必须认识到的理论前提。

施里加是布鲁诺·鲍威尔的伙伴,他对法国作家欧仁·苏的小说《巴黎的秘密》进行了"批判的批判"的解读,在施里加看来,欧仁·苏在小说里关于罪犯的日常生活即酒吧、巢穴、言谈等内容的描写,用意并不是想描写这些具体内容本身,而是想研究罪犯作恶的动机的秘密。马克思对于施里加这种从神秘的"秘密"视角出发对法国作家小说解读的做法甚为不满,认为这和黑格尔思辨哲学的结构甚为相似,因此,马克思希望在此通过对黑格尔思辨哲学的批判,来揭示施里加思想的唯心主义认识。马克思认为,黑格尔思辨哲学的结构是由三个步骤构成的，其一，把事物观念化，即从现实的个别事物中抽象出一般概念，例如，从苹果、梨、草莓等事物中抽象出"果实"这个一般的概念。其二，把观念进一步实体化，即把抽象概念又当作存在于我身体之外的本质性的实体来看待，例如，把作为一般概念而存在的"果实"当作苹果、梨、草莓等真正的本质来看待。其三，再把实体主体化，即把本质性的实体当作一种能动的、绝对的实体来看待，现实中的事物都是绝对主体的化身，而且，这些不同的事物还被建构为一个有机地划分为各个环节的系列，绝对主体在这一系列的每一个环节中都使自己得到了更为发展的定在。例如，作为能动的绝对主体的"果实"，自身发展的系列中，把自己确定为苹果、梨、草莓等，正是通过由苹果、梨、草莓等环节所构成的系列，"果实"这一绝对主体不断地获得了更为发展的、更为显著的存在形态。这样一来，苹果、梨、草莓等具体的事物不再是从物质的土地中，而是从思辨哲学家的头脑中生长出来了。在马克思看来，黑格尔以抽象概念来消解感性存在的做法是有问题的，因为这时的马克思已经转向客观现实存在的层面上来思考问题了。但同时需要指出的是，此时马克思对于现实社会历史过程之内在矛盾认识的缺失，使得他的理论水平还没有达到历史唯物主义的高度，因此，他只是剖析了黑格尔思辨哲学的内在结构，而对于黑格尔从抽象上升到具体的历史发生学的认识论的合理内核的认识，却显得不够。因为虽然马克思用苹果、梨、草莓等来说明黑格尔绝对精神的对象化的各个环节，但这种理解是不到位的，苹果、梨、草莓之间是独立的存在，不存在发生学维度上的递进关系，而在黑格尔那里，这些范畴之间并不是孤立存在的，而是有着内在联系的。当然，随着马克思自身哲学思想的不断进步和深化，他的观点也在不断改变。在后来的《1857—1858 年经济学手稿》中，马克思非常明确地看到并指出了黑格尔从抽象上升到具体的方法论的科学性,并借助于唯物主义对这一方法论进行了合理的改造,成功地对资本主义经济过程进行了剖析与解读。因此可以说,马克思对黑格尔哲学的解读能力是与他自身哲学思想的发展水平直接相关的。

其实,人们早在认识到自己是历史的存在之前,就已经在创造着历史,并且生活在历史之中,正如科西克所说的那样,历史意识发现历史是人类实在的一个基本向度。而在马克思之前,每一种深刻、系统的阐述历史的本性的尝试,都带有神秘化的特征,而正是马克思揭开了历史扮演的神秘化角色。历史的神秘化以天意的形式出现,这种历史的天意观以不同的名义出现,无论是看不见的手、自然的意图,还是理性的狡黠等等,而如果没有这种天意,历史将是不可理解的,历史就表现为个人、阶级和民族分散行动的一片混乱,表现为把人们的一切工作都宣判为无效的永恒流变,表现为善与恶、人道与非人道、肯定与否定的无穷交替。因此,天意是历史合理性的基础和保证,而人们只是看上去在创造历史,实际上只是实现历史天意的手段和工具,历史是必然性的实现,而历史人物则是天意的代理人和实施武器。在马克思看来,这种天意,正是历史观的一种虚幻或者是颠倒的形式:"现实的生活生产被看成是某种非历史的东西,而历史的东西则被看成是某种脱离日常生活的东西,某种处于世界之外和超乎世界之上的东西。"①

马克思发现,历史实际上什么也没有做,它中间的一切包括历史本身,都是人的活动。马克思、恩格斯在《神圣家族》中指出:"一切存在物,一切生活在地上和水中的东西,只是由于某种运动才得以存在、生活。例如,历史的运动创造了社会关系,工业的运动给我们提供了工

---

① 《马克思恩格斯选集》第1卷,北京:人民出版社,1995年,第93页。

业产品，等等。"① 马克思进而指出，我们需要做的事情，并不是罗列历史哲学的缺陷，而是要从根本上考察它神秘化的原因。既然历史是人们创造的，但为什么看起来人们只是这种历史创造的代理人和执行者？人们在历史中行动承担着风险、经受着磨难，但为什么他们却相信自己是被一种更高的力量所召唤，去完成历史使命呢？历史是人类活动的产物，但为什么人们在行动时总是把自己当作先验神力的化身，当作上帝、真理和人道的代言呢？似乎他们不是在实现自己的利益，而是实现历史的铁的永恒必然规律。也就是说，一般的历史哲学与历史唯物主义是不同的，解释学的最重要价值在于反对独断论，把一种语境下生成的科学结论普遍化适用于任何语境的教条。对此马克思指出："极为相似的事变发生在不同的历史环境中就引起了完全不同的结果。如果把这些演变中的每一个都分别加以研究，我们就会很容易找到理解这种现象的钥匙；但是，使用一般历史哲学理论这把万能钥匙，那是永远达不到这种目的的，这种历史哲学理论的最大长处就在于它是超历史的。"②

三、现实的人才是全部人类活动和人类关系的本质

黑格尔的历史哲学认为，唯有读懂历史哲学才能读懂今天。这一点我们在马克思的《法兰西内战》《路易·波拿马的雾月十八》中能够感受得到。这两个文本是马克思唯物史观成熟之后研究具体问题的表现，当前卡夫正在研究这些文本。我们发现，西方马克思主义者如左派学者研究马克思思想时善于从当下的社会现实问题出发，认为在当前需要探索历史进程本质论的逻辑关系，如许多人都对资本逻辑问题感兴趣。其

① 《马克思恩格斯选集》第1卷，北京：人民出版社，1995年，第139页。
② 《马克思恩格斯选集》第3卷，北京：人民出版社，1995年，第342页。

实,当我们面对现实生活中由资本逻辑所带来的诸多问题时,我们尤为需要的是首先把资本逻辑的本质逻辑搞清楚,否则的话,我们就会在很多错综复杂的表象中深感困惑。在学术界,西方的左派往往是以批判的形象出现的。因为资本主义在 1945 年之后的发展相对比较平衡,所以学者们无法下手去研究发展规律之类的东西,逐渐对内在逻辑的研究失去了兴趣。对于他们来说,最为紧要的事情是直接对资本主义指出哪个地方错了就可以了。就这样,哲学逐步被政治所取代。在他们心里,具体化的东西就显得更为重要,然而,问题是,一旦问题被具体化之后,经验主义就又不可避免地出现了。例如,以萨特为代表的存在主义认为,是每个人的实践(主体运动)推动了历史的发展;结构主义认为,是每个人的结构(客体存在)推动了历史的发展。我们发现,人本主义者/主体主义者把"结构"理解为主体之间的"互动",也即"交互主体性",认为"结构"显然没有能够解决问题,这表明他们理解"结构"时已经站在人本主义立场上了,这就是为什么许多人善于大谈主体之间的互动问题的原因所在。马克思之所以能够超越亚当·斯密,是因为马克思认为资本主义社会的交换本身是有问题的,交换其实就是一种剥削。工人的"行动"能力越强,他的命运就越悲惨;工人创造财富的能力越强,他就越易于沦为资本家剥削的对象。因此我们决不能简单地说马克思主义是"实践"的历史,毋宁说,它绝不是简单的主体实践的历史。与之相对应的是,客体主义者从"结构"出发推导出行动。这一观点之所以会被人本主义者所批判,就是因为在人本主义者看来,"结构"本身是不会行动的,行动着的一定是人类的实践主体自身。例如在 1968 年的"五月风暴"中,人本主义者会问他们:"结构"会上街吗?"结构"会行动吗?客体主义者从行动推出结构;主体主义者从结构推出行动。马克思在 1879 年的《评瓦格纳的政治经济学》一书中指出，自己的研究不是从人出发，而是从一定的经济基础出发的。法国社会学家布迪厄试图从社会学层面上，以"习性"概念来解决"结构"与"行动"的关系问题。还有写作《马克思的自然概念》的施密特。布迪厄举例说，例如网球运动员在打网球的时候，他既不是随便打，又不是机械地、程序化地打，他往往是将其打网球时所惯有的一定的程式"习惯化"。然而，我们发现，布迪厄的问题在于，他的努力仅仅是在社会学层面上的。要想真正理解"行动"与"结构"的纠结，就必须区分经验层面与社会历史过程的概念。主张"结构上街"的人显然没有理解历史唯物主义的含义。例如，1868 年"五月风暴"中那些最先起哄的人后来却一个个成了政府的高官；韩国 20 世纪五六十年代也是学生运动的高峰，现在许多政府高官就是当时参加学生运动的学生，这些人显然是"被结构"者。因此，历史本质论与历史过程论是两个有联系但内涵不尽相同的概念。在思想史上，黑格尔、本雅明等都认为，人不过就是历史舞台上的一个木偶而已。

在鲍威尔那里，只要用"历史的无穷无尽的内容""人的意义"等范畴来取代黑格尔哲学的纯粹逻辑范畴和秘密就可以了。恩格斯对此指出说，鲍威尔的做法其实仍然是唯心主义层面上的抽象思辨，他的"历史""人的意义"的范畴从根本上看，仍然不能取代黑格尔哲学的纯粹逻辑范畴，因为"人的意义"不同于人本身，"历史"也并不是现实的历史过程，因此，鲍威尔的理论视野仍然是德国思辨唯心主义的表现，是一种停留在"精神"层面上而与人民群众相对立的理论，并且，对于"真正的人道主义"来说，这种理论依然是危险的和有害的。在此基础上，恩格斯认为，真正揭示了黑格尔哲学体系秘密的是费尔巴哈，因为他是站在人本主义立场上来看问题的，他用"人本身"来代替鲍威尔等人的"人的意义""自我意识"等范畴，因此费尔巴哈的努力是值得肯定的，他使得哲学的前进方向不是去发现什么新范畴，而是致力于研究现实的、活生生的人。比较而言，如果说费尔巴哈哲学是"天才发现"，那么鲍威尔等人的哲学就是"陈腐的废物"。因为在恩格斯看来，只有现实的、活生生的人才是全部人类活动和人类关系的本质，历史就是追求着自己目的的人的活动过程。在现实的人的活动之外，并不存在着抽象的历史和抽象的人。鲍威尔哲学中的所谓"历史的无穷无尽内容""人的意义"等范畴其实就是现实的人的活动的无穷无尽的历史，"历史"和"人"的范畴什么都不能做，他们本身就是鲍威尔等设置出来的抽象范畴而已，是他们以"精神"的名义来敌视"群众"的政治立场的表现。

以现实的个体的人来取代鲍威尔的抽象的历史和"人的意义"等思辨范畴，恩格斯展开的对鲍威尔的批判无疑是正确的，这也是马克思、恩格斯此时开始批判"真正的人道主义"思路的体现。但同时，我们还需要看到，由于恩格斯哲学思想还没有达到历史唯物主义的水平，因此，尽管从理论视域上他已经转向了现实的、活生生的人的活动的层面，但是他还不能从更深层次上理解这种现实的历史活动的内在动力究竟是什么，正因为此，他还不能科学地分析出费尔巴哈语境中的"人本身"与历史唯物主义语境中的"现实的人"之间的本质区别，从而对费尔巴哈做出了过高的理论评价。把现实的、活生生的人界定为历史的本质和基础，在一定程度上是正确的。也就是说，关键在于如何看待这种现实的、活生生的人，如果立足于历史唯物主义的高度来认识，把现实的、活生生的人理解为现实社会关系中的人，并进而把社会关系与生产力之间的矛盾理解为历史的本质，那这种观点就是正确的，就可以跟后来1846年《德意志意识形态》中的"一切历史冲突都源于生产力与交往形式之间的矛盾"的观点相对接了。

四、思考历史的发源应当从"粗糙的"物质生产中去寻找

如上所述，在马克思看来，布鲁诺·鲍威尔将自然界以及以自然界为对象的物质生产过程排除在外来思考历史过程的做法，其实质是思辨性质的唯心主义哲学。因为受费尔巴哈哲学的影响，马克思此时已经将自己的理论视域转向了现实的、个体的人身上，所以他指责鲍威尔等人的哲学就是"天上的云雾"，是以抽象的思辨体系来代替现实的社会实践，从思辨中寻找历史的本质。在这种情况下，马克思则立足于从尘世的、粗糙的物质生产中寻求历史的发源地问题。显然，在研究对象和研究方法上，马克思与鲍威尔等人是不同的。前者从物质生产过程的角度出发，来寻找历史发展的根源与动力；后者则立足于抽象思辨的概念王国来思考问题。此时的马克思已经看到，一定的历史过程的内容，是由该历史时期的工业以及生活本身的直接的生产方式所决定并表现出来的。当然，此时他对于"工业"的认识水平还没有达到《德意志意识形态》中的通过"分工"的中介而与"生产力"直接联系起来的"工业"水平，但这里的"工业"已然不再是《1844年经济学哲学手稿》中的那个处于人的本质力量之对象化维度上的"工业"了，毋宁说，它是处于"物质生产"理论视域下的"工业"。因此可以说，此时马克思的理论思路已经不再是人本主义逻辑，而是转向了现实历史过程本身，从现实历史过程本身出发来研究历史的本质与人的意义问题了。

但同时需要指出的是，由于经济学研究水平的理论滞后，在《神

圣家族》中，马克思、恩格斯还缺乏对于物质生产过程的内在矛盾的把握和认识，也不能拥有对于物质生产过程之于历史发展基本动力的科学理解，因为此时的他还不能理解资本的真正含义，而认为资本就是亚当·斯密意义上的资本，即资本就是积累劳动的结果和凝聚。也就是说，此时的马克思还不能真正理解工业与生活本身的直接的生产方式之间的矛盾是如何确立及展开的，因为此时的马克思还不能把德国辩证法的理论力量真正进行把握，只是把德国的辩证法也即黑格尔、鲍威尔的哲学当作唯心主义的东西批判一通，因而将鲍威尔兄弟的做法当作是"神学"的东西。正因为此，他有时还不得不依赖于人性的丧失的视角，来展开对工业及生活本身的生产方式之发展动力的理解。鲍威尔的哲学思想来源于黑格尔，因而被马克思指责为一种不干脆利索的东西。此时的马克思还看不到，鲍威尔将贫穷与私有财产当作一个整体的看法是没有问题的，只是他们的视角有问题，是以唯心主义的立场去看待的。其实，将贫穷与私有财产当作一个整体来理解，就像马克思后来将工资、地租和利润结合在一起不能被割裂起来理解的做法一样，在逻辑思路上是没有问题的。

"客观事物的本性"指的是人本主义的本性，绝不是历史唯物主义语境中的历史运动中的客观事物的本性，这一论述在《1844 年经济学哲学手稿》中也存在，但其本义是人本主义的。我们需要思考的问题是，人本主义逻辑、人的异化问题是否一定会推导出革命来？答案是否定的。有些人在异化中愤慨，但也有一些人在异化中感到很自在。因此，这不是一个科学的、合理的逻辑。在《资本论》中，马克思指出，人的异化与革命之间没有必然的逻辑关联。只有科学、正确、完整、清晰地把社会运动的本质机理讲给工人听，革命的可能性才会存在。因为工人在懂得了社会运动的本质机理和矛盾机制后会认识到，在这样的生产方式下，不仅是这一代工人会被剥削，下一代甚至下下一代的工人都会继续遭受资本家的剥削，因而，不改变这样的生产方式，工人们翻身的希望也就没有。在这种情况下，明智的做法就是不再犹豫，坚定地站起来革命，以暴力的方式来推翻这个万恶的私有制社会，否则自由与解放就是不可能的。沉溺于当前的生活状况当中而失去了革命的斗志，或者仅靠愤怒、呼吁和谴责是没有多大用处的，对于实现最终的自由没有多大帮助。马克思在后来掌握了辩证法的精髓后，就不再是直接从一个概念走向另一个概念了。他认识到古典经济学混淆了许多东西，继而发现了资本主义社会所有的秘密都在于那个狭义的生产过程。马克思发现，"生产过程Ⅰ"与"生产过程Ⅱ"是不同的。在资本主义市场经济中，我们往往看到的是交换关系的频频发生，然而却看不到生产关系本身。缺乏了对本质的东西的反思，我们就会只看到现象。殊不知，就是我们不能直接看到的生产关系概念，是最有利于我们了解社会现实本身的概念。历史唯物主义之所以产生于19世纪的中叶，是因为在黑格尔那个年代，还没有产生出登上历史舞台的工人阶级；亚里士多德时代更不会产生出所谓的资产阶级和无产阶级了，因为那个时代连"工人"都还没有出现，有的只是"奴隶"。因此可以说，马克思主义只可能诞生在19世纪中叶的资本主义社会。即是说，人类社会发展到19世纪中叶的时候，历史提供给了马克思剖析资本主义社会深层东西的资源和现实条件，因而，马克思才会科学地揭示出资本主义社会生产的本质；黑格尔的时代，资本主义还是一个未发展开来的资本主义。我们说，如果没有费尔巴哈，马克思将会在黑暗中摸索更长一段时间，因此，费尔巴哈对于马克思告别唯心主义起了十分重要的作用。

在《神圣家族》的最后一章，马克思指出要"用工业和生活本身的生产方式来理解城市的粗糙的物质生产"，我们认为，"粗糙的物质生产"概念比起《1844年经济学哲学手稿》中的"对象化劳动"，以及《穆勒评注》中的"谋生劳动"来说，显然已经有了比以前更多的内容，距离历史唯物主义更进一步了。而且，在整个《神圣家族》中，唯有这个谈论是明显和历史唯物主义接近的东西。因为从整体上看，《神圣家族》的主要基调是批判黑格尔和鲍威尔。尽管如此，这个"粗糙的物质生产"概念的确是很粗糙的，原因有二：第一，此时马克思所说的"物质生产"只是从"物"的生产的角度出发的，认为工业就是物质生产本身，工业就是生产物的过程；第二，马克思对于工业与生产方式之间的矛盾是什么没有认识到。因此，我们需要思考一个问题：此时的马克思为什么只是停留在"粗糙的物质生产"的层面？但不管怎么说，"粗糙的物质生产"概念的确是在一步步与历史唯物主义靠近着。在接下来的《评李斯特》中，马克思显然是接着"粗糙的物质生产"的内容而去的，是从矛盾的"物的生产"一步步走向《关于费尔巴哈的提纲》中的"实践"话语的。因此可以说，《神圣家族》只是在一般唯物主义层面上探讨问题，还没有达到历史唯物主义的层面，虽然它在一步步地向历史唯物主义靠近。马克思批判黑格尔、鲍威尔本身没有问题，但是此时却没有用科学的方法来批判。显然，黑格尔、鲍威尔是站在历史本质论的层面上来谈论历史；此时的马克思却站在历史过程论/历史经验论层面上谈论历史。要想清楚地认识到这一点，我们需要区分现象论（过程论）与本质论、经验论与历史论的概念。但不管怎样，马克思、恩格斯在《神圣家族》中获得的理论成就是不能被忽视的，因为在此，他们的哲学水平获得了较大程度的提升。马克思说，明明是我们从现实的苹果、梨、草莓和扁桃中得出"果实"这个一般概念，而在黑格尔那里，果实"作为它们的本质并不是它们那种可以感触得到的实际的定在，而是我从它们中抽象出来又硬给它们塞进去的本质"。① 苹果等真实存在的水果则成了"果实"的"简单存在形式，是它的样态"。"它们不是从物质的土地中，而是从我们脑子的以太中生长出来的，它们是'一般果实'的化身，是主体的化身。"② 马克思说，黑格尔是"把自己从苹果的观念推移到梨的观念这种他本人的活动，说成'一般果实'这个绝对主体的自我活动"，意思是说，黑格尔唯心主义地"用诡辩的巧妙手法把哲学家借助感性直观和表象从一个对象过渡到另一个对象时所经历的过程，说成是臆想出来的理智本质本身即绝对主体所完成的过程"。③

---

① 《马克思恩格斯全集》第 2 卷，北京：人民出版社，1957 年，第 72 页。
② 《马克思恩格斯全集》第 2 卷，北京：人民出版社，1957 年，第 74 页。
③ 《马克思恩格斯文集》第 1 卷，北京：人民出版社，2009 年，第 280 页。

第六章

马克思主义哲学新视界的前夜：
《评李斯特》的思想解读

以文本解释的方法对马克思写于 1845 年 3 月的《评弗里德里希·李斯特的著作〈政治经济学的国民体系〉》（下文简称“《评李斯特》”）一文进行解读和阐释，其意图在于推翻传统马克思主义哲学史研究中仅仅将其指认为生产力概念初步表述的说法，并揭示出青年马克思在第一阶段经济学研究的最后，已经开始无意识地摆脱《1844 年经济学哲学手稿》中那种人本主义的劳动异化理论，不自觉地走向一条从客观现实出发的科学之路。这是马克思主义哲学新视界发生的真正前夜。需要指出的是，《评李斯特》与《提纲》写于差不多同一个时期。不同的是，前者是马克思从经济学的角度表达他的思想，而后者则是从哲学角度表达。当然，我们在此依然把《评李斯特》作为哲学著作来解读，希望通过对这一文本的解读，来清晰地理解马克思此时的世界观发展状况究竟是什么样子的。

我们知道，李斯特是一个政治经济学家，1841 年，他出版了在德国理论界颇有影响并受到德国资产者追捧的《政治经济学的国民体系》一书，主要提出了生产力理论，用生产力理论来取代斯密的交换价值理论，他主张重视生产力的作用，并主张保护关税，以国际市场反对交换价值。《政治经济学的国民体系》出版之前，李斯特还著有《政治经济学的自然体系》《美国的政治经济学大纲》等作品。作为德国资产者利益的代表，李斯特的经济学著作之所以在德国学界拥有众多读者，是因为他实际上维护的是德国资产者的利益，是为德国资产者获得财富、拥有诸多政治权力辩护的。因此，这种思想对于在德国工人阶级中传播共产主义思想是极为不利的。因为在当时的德国，本来就有一些错误的观点认为，共产主义的必然性只是存在于英国或者法国，德国不具备存在共产主义的必然性。李斯特研究经济学的基本视角是着眼于财富的创造，而不去关心财富的分配，无疑，这种做法对于德国无产阶级工人运动的发展壮大更是不利的。因为如果任由这种思想泛滥下去，那么人们只会去关注国民生产力如何创造的问题，而不会有人关心财富如何分配才会更为合理，也不会有人关心工人为什么会不断地贫困化的问题。这样一来，共产主义思想传播的群众基础就会逐渐丧失。正因为看到了李斯特的思想的肤浅和政治上的反动立场，马克思决定对李斯特的观点进行批判，以肃清错误的认识，让更多的人认识到，共产主义不仅在英国和法国具有必然性，在德国同样具有必然性，而这样做的目的就是为无产阶级新历史观的传播铲除障碍。在马克思看来，工人要想得到彻底的解放，绝不是仅仅依靠英国、法国或者别的一个国家生产力的发展就能实现，毋宁说，它需要通过废除私有制来实现。基于此，马克思从理论逻辑的角度对李斯特的国家生产力理论和关税保护主义进行批判，指责他脱离德国现实的社会运动而只是一味地待在教研室里编造一些无聊的理论体系，这是没有意义的。

在《评李斯特》这一文本中，我们需要弄明白的首要问题是，李斯特的经济学为什么会遭到马克思的批判，且这种批判是带有必然性的。马克思为何将李斯特的唯心主义当作唯物主义的伪装？此时的马克思的思想发展水平究竟是怎样的？我们发现，马克思此时主要站在人类发展过程的角度来看待李斯特的政治经济学思想，而不是在具体地思考德国的经济学问题。在文中，马克思批判李斯特脱离资本主义的交换价值来谈论生产力概念，这一批判也促使马克思更为重视生产力的条件即交换价值的作用，并在此基础上来研究现实的劳动的问题，以及将现实的劳动作为自己的基本研究对象来进一步推动自己的哲学研究水平。也就是说，马克思在《评李斯特》中，将《神圣家族》中的那个"粗糙的物质生产"推进到物质生产的内部中去了。但与此同时，我们发现，马克思这样做带来的一个客观的基本问题是，马克思此时对"交换价值"是非常纠结的。换句话说，如果仅仅停留于交换价值的层面来谈论交换价值，而不能将生产力的线索纳入批判的框架当中去，是不能把交换价值这个问题讲清楚的，最多只能达到古典经济学家们的那个"平等"交换的层次，或者从交换价值的外部也即从伦理学的角度来批判交换价值本身，诅咒交换价值把人与人的关系变成了物与物的关系。显然，这在客观上仍然未能摆脱人本主义的理论框架。我们看到，在这里，马克思把古典经济学的"劳动量"推进到劳动的过程当中去认识，而不是像古典经济学家那样热衷于对劳动进行量化。但遗憾的是，马克思此时由于还没有明确生产力对劳动的过程的影响，是无法从根本上讲清楚劳动的过程的。后来，由于马克思大量阅读了商业发展史，才能够在《曼彻斯特笔记》中对工业、经济的理解获得重大飞跃。我们知道，生产力有两种主要形式，即"物质形式"和"社会形式"。显然，生产力不是单纯的"力"，在哲学上，生产力无疑包含着极为丰富的内容。

只有当生产力被置于社会形式的层次上时，它才能与生产关系辩证地结合在一起，成为一个完整的哲学概念。在《评李斯特》中，马克思显然也看到了生产力，但是他只是看到了生产力的物质形式或自然形式，而无法将其置于社会形式的层面上去，因而就不能将生产力与生产关系结合在一起来认识。在后来的《德意志意识形态》中，马克思则是从分工的角度来解读生产力的，使生产力获得了"社会"的内容。我们知道，马克思从1843年《德法年鉴》时期就开始致力于批判资本主义了，但是他不是站在德国的立场上进行批判的。也就是说，脱离了生产力的交换价值理论，批判就不可能是具体的和历史的批判了。

一、李斯特对精神要素的抬高呈现出唯心主义的表象

无疑，李斯特作为德国的经济学家，他的理论是资产者利益的代表，他的经济学其实就是代表德国资产阶级利益的经济学。他致力于追求国家生产力的发展，但是，他甚至还谴责交换价值和物质财富，抬高精神要素、精神本质的重要性，因此，李斯特的经济学呈现出唯心主义的表象。

我们知道，古典经济学家们往往致力于研究财富的生产、分配、交换与分配的问题，但李斯特更感兴趣的是国家层面的生产力如何得以增长的问题，因此，他的理论重心就在研究如何保护和激发生产力的增长问题。在他看来，要想获得国家生产力的增长，除了需要依赖国家所掌握的各种自然资源外，还需要依赖个人的身心力量、个人的社会状况和政治状况。但问题是，李斯特研究经济学的出发点是保护德国资产者的利益，而不是马克思那样立足于人类学的角度。马克思尖锐地指出，德国资产者如果对本国工人阶级剥削的程度越大，那么德国经济的发展就

越快,而德国经济越发展,工人阶级就会越来越贫困。显然,马克思此时是立足于人类解放的高度来看待德国经济发展的实质问题的,他认为,工人的领空既不是英国的、法国的,也不是德国的,它是"工厂的天空";工人的领土同样既不是英国的、法国的,也不是德国的,而是"地下的若干英尺"。资本主义社会应该是一个将会被超越的社会,而不是一个永恒的存在。恩格斯也认为,无论德国是否实行关税保护主义的政策,一场共产主义的社会革命都是无可避免的,换句话说,德国未来的社会道路与关税保护主义之间并不存在着必然的联系。对此,恩格斯非常明确地指出:"可见,详细考察的结果完全证实了我在最初根据竞争所做的概括性的说明,即社会革命将是我们现在的社会关系在任何条件和任何情况下必然引起的后果。正如我们自己有把握地从已知的数学公理中得出新的定理一样,我们也可以有把握地从现存的经济关系和政治经济学的原理中得出社会革命即将到来的结论。"[①]

作为一位主张关税保护主义的德国经济学家,李斯特认为,斯密是建立在交换价值的基础上来认识资本主义的,而他本人则是建立在生产力的基础上的。马克思则认为,斯密所揭示的市民社会是认识资本主义的真正的基础。在历史唯物主义看来,经济学上的概念是经验观的描述,而非历史观的哲学抽象。以"劳动"为例,在马克思的思想发展过程中,"劳动"的发展路径是:从"对象化劳动"到"谋生劳动"再到"雇佣劳动"。显然,这是一个从经济学概念逐步向哲学概念过渡的过程,也是历史唯物主义逐步确立的过程。因此,哲学的概念向来不满足于停留在经验层面的描述,而是反思性的结果。其实,马克思思想的三个主要来源并不是一一对应的,毋宁说,他的哲学思想不仅来源于德

---

① 《马克思恩格斯全集》第 2 卷,北京:人民出版社,1956 年,第 624 页。

国古典哲学，还来源于政治经济学的研究。在客观上，政治经济学层面的研究的非历史性、经验性使得他经常困顿于此，并在一定程度上对他的哲学思考带来负面的阻碍，从而影响着他的反思性的哲学思维的生成。

马克思认为，作为德国资产者利益代表的李斯特，其经济学研究之所以会呈现出唯心主义的表象，是因为在德国资产者的眼里，无产阶级在工业发达起来之前就已经令他们感到生畏了，因为在德国工业统治之前，英法等国由工业的统治所造成的奴役现实已经使工人看到了现实的残酷，因此，德国此时建立工业统治有些不合时宜。同时，德国资产阶级一味地追求工业财富的要求，与德国惯于追求"精神"的民族精神也有些不大相称，更重要的是，在这种情况下，德国资产阶级非常渴望像他们的邻国英法那样追求并获得巨大的财富，因为他们不想再犹豫和等待下去了。马克思清醒地看到，潜伏在德国资产者身上的唯心主义传统开始逐渐暴露出来了，但资产者自身却极力采取矫揉造作的形式，表面上排斥甚至谴责物质财富，而冠以"精神"或者"精神本质"的字眼来掩人耳目。马克思尖锐地指出，德国资产者的这些做法，只是会带来更多物质财富的增加。李斯特极力主张的保护关税的实质，就是在国内对工人实施更加严厉的剥削，显然，这是德国资产者自身利益诉求的保护和维持手段。正是在这一意义上，马克思指认说，李斯特的经济学其实就是"某种可厌的唯物主义的无耻的、无思想的伪装"。① 在批判圣西门学派狂热赞美工业生产力的观点时，马克思也指出，"它把工业唤起的力量同工业本身即同工业给这种力量所提供的目前的生存条件混

① 唐正东：《马克思恩格斯哲学原著选读》，北京：北京师范大学出版社，2010年，第102页。

为一谈了",这的确是错误的,但"我们决不能把圣西门主义者同李斯特这个人或德国庸人等量齐观","圣西门主义者并没有停留于这种解释,他们继续前进,向交换价值、当前的社会组织、私有制进攻。他们提出以联合代替竞争。但是,他们原先的错误惩罚了他们。上述那种混淆不仅使他们陷入幻想,把卑鄙龌龊的资产者看作牧师,而且也使他们在最初的外部斗争之后又回到旧的幻想(旧的混淆)之中……他们对工业生产力的赞美成了对资产阶级的赞美"。① 对圣西门主义的这种评价显然已经不同于从前了。

在《评李斯特》中,马克思的哲学理性取得了第三个,同时也是根本性的进步,开创了哲学理性的现代视界,这是一种从经济学视域中生长起来的新型哲学理性。首先,它表现为对传统视界中以终极关注为特色的人文理性观的抛弃。马克思明确地说:"谈论自由的、人的、社会的劳动,谈论没有私有财产的劳动,是一种最大的误解。'劳动',按其本质来说,是非自由的、非人的、非社会的、被私有财产所决定的并且创造私有财产的活动。"② 李斯特经济学观点的理论基础恰恰就是这种悬浮在空中的"人的劳动",站在资产阶级国家主义的理论基础上,李斯特设想出了一种游离于交换价值之外的生产力的观点,"保护关税如果使价值有所牺牲的话,它却使生产力有了增长,足以抵偿损失而有余"。③ 马克思据此说,这只是"一种任意的抽象",建立在这种对生产力和劳动的抽象理解之上,李斯特用"力量的超感觉世界"代替了"交换价值的物质世界",生产力在李斯特那里"表现为独立的精神

① 《马克思恩格斯全集》第42卷,北京:人民出版社,1979年,第259页。
② 《马克思恩格斯全集》第42卷,北京:人民出版社,1979年,第254—255页。
③ [德]弗里德里希·李斯特:《政治经济学的国民体系》,邱伟立译,北京:商务印书馆,1961年,第128页。

本质——幽灵，表现为纯粹的人格化，即上帝，人们也就完全有理由要求德国人为幽灵牺牲恶的交换价值!"① 马克思这一方面的新观念还跟他对以李嘉图为代表的古典经济学的评价之转变联系在一起。在这本《评李斯特》中马克思把古典经济学的"犬儒主义"称为"一种坦率的古典的犬儒主义"，并对其把市民社会当作经济学理论的出发点的观点开始持肯定态度，"如果说亚当·斯密是国民经济学的理论出发点，那么它的实际出发点，它的实际学派就是'市民社会'，而对这个社会的各个不同发展阶段可以在经济学中准确地加以探讨。只有幻想和理想化的词句（语言）才是属于李斯特先生的"。②

其次，马克思在现实的"社会的物质活动"中找到了哲学理性的载体。在《评李斯特》中马克思当然没有放弃对"社会理性"问题的关注："工业可以被看作是大作坊，在这里人第一次占有他自己的和自然的力量，使自己对象化，为自己创造人的生活的条件。"③ 并且马克思还把对工业的这种认识称为"为人的生存奠定基础"的东西。但是，关键的是，马克思在这里所说的"为人的生存奠定基础"并不是在人本主义的层面上说只有这样的人才是真正的"人"，而是从历史发生学的角度把工业的每一步发展界定为将来实现真正的人类解放的物质基础。

人类的解放当然不可能只凭借物质财富的增长，于是，马克思的思路便在一个更加深入的理论层面上得到了展开。马克思说，工业用"符咒"招引出了自然力量和社会力量对工业的矛盾关系，招引出了无产阶级对资产者的斗争关系，直到无产者"炸毁"工业的整个"肮脏

---

① 《马克思恩格斯全集》第 42 卷，北京：人民出版社，1979 年，第 161 页。
② 《马克思恩格斯全集》第 42 卷，北京：人民出版社，1979 年，第 249 页。
③ 《马克思恩格斯全集》第 42 卷，北京：人民出版社，1979 年，第 257 页。

外壳"，使它以自己的形式表现出来。显然，在马克思此时的思想建构中已经完全排除了对抽象的工业的终极眷注的成分。在哲学理论的层面上，马克思把这种思想表达为废除私有财产"只有通过劳动本身才有可能，就是说，只有通过社会的物质活动才有可能，而决不能把它理解为用一种范畴代替另一种范畴"，①"一种'劳动组织'就是一种矛盾，这种能够获得劳动的最好的组织，就是现在的组织，就是自由竞争，就是所有它先前的似乎是'社会的'组织的解体"。② 马克思关注现实的、社会的物质活动并不是因为他对之产生了抽象实证主义的兴趣，而是因为在马克思看来，只有在这些现实的活动之中才能找到人类解放的根源。因此，真正的社会理性不是游离在现实的活动之外，而恰恰是存在于这些现实的活动之中。对哲学理性的研究就是对这些现实物质活动本身的研究。于是，处于传统视界中的那种哲学理性在此时马克思的哲学逻辑中已经是"非法"的了。可以说，马克思在这部《评李斯特》的著作中已经初步达成了哲学理性的现代视界。

造成马克思上述思想转变的原因，在我看来，主要有以下三点：第一，社会主义和共产主义的理论发展中所出现的庸俗化倾向给马克思的启示。继黑格尔主义者对社会主义的理论进行庸俗化的解释之后，费尔巴哈主义者也开始歪曲共产主义理论，在 1844 至 1845 年之间，现实社会主义运动中的小资产阶级倾向不断得到加强。更有甚者，居然连李斯特这样的资产阶级理论家也玩起了共产主义的词句。马克思逐渐意识到，现实生活中的"社会主义者"是一个必须要加以"对付"的东西。在深层的哲学理论向度上，这便是促使马克思远离哲学理性的传统视界

---

① 《马克思恩格斯全集》第 42 卷，北京：人民出版社，1979 年，第 255 页。
② 《马克思恩格斯全集》第 42 卷，北京：人民出版社，1979 年，第 255 页。

即抽象的人本主义视界的动因，这是因为，人本主义的理性观已经成了一种把社会主义理论"导致神秘方面去的神秘东西"。第二，施蒂纳的《唯一者及其所有物》在一定程度上对马克思思想的影响。施蒂纳对费尔巴哈抽象人本主义的批判应当说是毁灭性的。马克思在1844年12月曾认真地研读过施蒂纳的《唯一者及其所有物》，而在这一阶段所写的《评李斯特》中，马克思在哲学逻辑上显然已经超越了费尔巴哈式的思维方式，这两个事实之间应当说不是偶然的。在马克思后来所写的《德意志意识形态》中，他对施蒂纳的批判在于指出其对费尔巴哈批判的不彻底性，而不是指他对费尔巴哈的批判这一事实本身，并且，把《德意志意识形态》中对施蒂纳的批判部分与施蒂纳的著作本身进行对比，我们就会发现，施蒂纳著作中的有些部分马克思并没有加以批判，如施蒂纳对费尔巴哈"爱"的宗教的批判部分。因此，我们有理由认为，施氏的哲学在促使马克思远离人本主义哲学理性的过程中是起到一定的作用的。第三，李斯特的经济学观点给马克思的哲学启示。在接触李斯特的经济学之前，马克思思想中的人本主义逻辑与下列思维定式之间有一种相互加强的关系：从现实的市民社会出发必然得出有利于资产阶级的结论，这是古典经济学在马克思思想中产生的哲学"烙印"，这也是在这之前马克思哲学理性的视界没能得到根本转变的重要原因之一。李斯特经济学理论的出发点在于对市民社会的"逃离"，这使马克思改变了上述思维定式，由此而产生的新思想在半年之后的"曼彻斯特笔记"中被清晰地表述为"李嘉图理论竟可以'以独特的方式'被用来论证社会主义的结论"。① 在这个基础之上，人本主义思维逻辑的被超越也就成了自然之事。

---

① 汤在新：《马克思经济学手稿研究》，武汉：武汉大学出版社，1993年，第10页。

二、避开私有财产而"自由"的劳动是无为的

与古典经济学家亚当·斯密等专注于现有财富的生产、分配、交换与消费的视角不同,李斯特关心的是国家生产力的如何生产问题,而不是交换价值如何产生的问题。他的基本立足点就是,经济上相对落后的德国,如何尽快更好地激发、增长以及保护国家生产力,国家应该有何作为才能更好地激发生产力,保护现有的生产力。在当前,国家应该采取有效的措施和手段,提高良好的社会组织状况,提供良好的公共制度和法律,发展教育,发挥精神智力的支持作用,充分利用一切可以利用的各种资源,尤其是发挥各种社会组织以及"精神资本"的积极作用,以不断增加国家好的生产力。李斯特为此批判了斯密,认为他仅仅强调单个的自由劳动者的利益,而没有把国家放在个人的前面来考虑,在现实中,只要把单个的个人利益合并进一个国家整体当中,国家的生产力自然就会获得较大的提升,在这种情况下,单个人的劳动也就是自由的劳动,也是能够为增加国家生产力作出贡献的劳动。在李斯特看来,这种劳动就是自由的劳动,也是和谐的劳动,然而在马克思看来,这种资产者占有私有财产下的劳动绝不是什么自由的劳动,也不是和谐的劳动,其实质是工人把自己的劳动力出卖给资本而已。因此,李斯特其实是在借劳动之名行美化资本主义制度之实罢了。马克思尖锐地指出,无论是英法现在的"劳动"还是李斯特规划的德国将来的"劳动",其实质都是为资产者创造私有财产的劳动,因而绝不是什么自由的、和谐的劳动,而是非自由的、非和谐的甚至非人的劳动。在马克思看来,避开私有财产这一实质不谈,而单纯谈论社会组织、社会状况下的劳动,是一种避重就轻的形而上学的认识。这里需要指出的是,马克思批判了李

斯特"劳动"概念的非自由、非和谐以及非人的特性，但是由于此时的他还没有历史唯物主义的科学视角，还不能更进一层地深入到对现实劳动的内在矛盾的解读的层面上，因而对劳动的解读还是不够彻底的。

在从《神圣家族》向《提纲》的转变过程中，《评李斯特》是一个过渡的环节。在《评李斯特》中，马克思已经展开了一条工业和劳动组织的矛盾运动的哲学历史观线索，但同时也应指出的是，在这一著作中，对社会实践观的彻底贯彻似乎尚不清晰，因为在谈到"废除工业的时刻"时，马克思还只是笼统地这样说道："一旦人们不再把工业看作买卖利益而是看作人的发展，就会把人而不是把买卖利益当作原则，并向工业中只有同工业本身相矛盾才能发展的东西提供与应该发展的东西相适应的基础。"① 与此相比，《提纲》尤其是《德意志意识形态》和《哲学的贫困》就有了明显的进步。《提纲》中马克思明确地提出了"社会生活在本质上是实践的""人的本质……是一切社会关系的总和"的观点。《德意志意识形态》则进一步把这种观点具体化为生产力和交往形式之间的矛盾的历史观线索，"由此可见，这种历史观就在于：从直接生活的物质生产出发来考察现实的生产过程，并把与该生产方式相联系的、它所产生的交往形式，即各个不同阶段上的市民社会，理解为整个历史的基础"。② 站在这样的思想层面上，当马克思说"市民社会是全部历史的真正发源地和舞台"时，他才可能真正理解这句话的全部内涵。《哲学的贫困》的作用在于用明确的生产关系的概念替代了《德意志意识形态》中的交往形式的概念。

阿尔都塞把这称之为青年马克思"认识论上的断裂"，应该说这是

---

① 《马克思恩格斯全集》第 42 卷，北京：人民出版社，1979 年，第 258 页。
② 《马克思恩格斯全集》第 3 卷，北京：人民出版社，1960 年，第 42—43 页。

正确的（国内学界的不少学者把阿尔都塞所说的"认识论上的断裂"误解为"认识上的断裂"，从而在很大程度上削弱了阿尔都塞观点的深刻性）。阿尔都塞的局限在于无法解释这种"断裂"的由来。根据我的理解，以下两个相互关联的因素是促成马克思发生思想转变的重要原因：对资产阶级政治经济学的进一步研究；以李嘉图的劳动价值论为依据的英国空想社会主义者对马克思的影响。从马克思的 1844—1847 年笔记本中我们可以看出，在 1845 年 2 月到达布鲁塞尔之后，马克思对资产阶级经济学家的著作重新进行了研读。在我看来，如果说"巴黎笔记"时期马克思经济学阅读的成果是为他的哲学人本学批判提供了素材的话，那么，这一次阅读则直接动摇了马克思原有的人本学批判观念。只要仔细阅读李嘉图等人的经济学著作，其实是不难发现其中所蕴含着的对于社会主义理论来说的可利用之处的。19 世纪二三十年代的英国空想社会主义者从李嘉图理论中所获得的理论灵感马克思不可能经过两次阅读还得不到。我们认为，在这次经济学阅读中，马克思显然认识到了对资产阶级政治经济学的批判可能而且必须从其内部的矛盾入手，由此推及，对资本主义社会的批判也必须从其内部的现实矛盾入手。这同时也是马克思在这一时期开始阅读英国反李嘉图派的空想社会主义者的著作的原因，因为，这些人正好是以李嘉图的劳动价值论为依据来宣扬其社会主义思想的。

当然，必须看到的是，这个过程绝不是一蹴而就的，从时间跨度上看，大约是从 1845 年 3 月至 1846 年《德意志意识形态》开始写作。《评李斯特》是这一过程中的一个阶段性成果，而且，不管是从写作时间上还是在理论的成熟程度上，它都应在《提纲》之前。在写作《评李斯特》的时候，马克思已经阅读了英国空想社会主义者布雷的著作，① 但在我看来，他尚未阅读汤普逊的著作。布雷与汤普逊尽管同为欧文主义者，但他们之间的一个重要区别在于汤普逊的思想是欧文主义和功利主义的混杂物，而布雷则不是。反映在理论观点上，汤普逊除了从伦理的角度之外，还从社会生产力发展的角度来考察分配问题。而后一条线索在布雷的观点中则是不具备的。因此，在其代表作《劳动的弊害及其消除方法》一书中，布雷一方面深刻地指出了只有从经济领域出发才能有力地批判私有制度："如果我们在经济学家的领域中用他们自己的武器去攻打他们，那就可以摆脱他们经常喜欢搬用的什么空想家、空论家那套废话。只要经济学家们不想否认或推翻他们自己的论点所依据的那种公认的真理和原则，那么他们就决不能推翻我们按照这种方法所得出的结论。"② 并且还指出："直到今天，我们一直在遵循这种最不公正的交换制度：工人们交给资本家一年的劳动，但只换得半年的价值。"③ 但另一方面，在论及私有制度必须改变的理论依据时，布雷却只是说："只有实施劳动和交换的平等才能改善这种情况并保证人们有真正的权利平等……生产者只要努力（也只有他们努力才能自救），就能永远打碎束缚他们的锁链。"④

三、社会的物质活动是废除私有制的前提

如上所述，马克思认为，李斯特避开私有制的前提而谈论劳动是无为的，因为这种劳动绝不是自由的、和谐的，而是不自由、不和谐的。

---

① 《马克思恩格斯全集》第 42 卷，北京：人民出版社，1979 年，第 265 页。
② 转引自《马克思恩格斯全集》第 4 卷，北京：人民出版社，1985 年，第 111 页。
③ 转引自《马克思恩格斯全集》第 4 卷，北京：人民出版社，1985 年，第 112 页。
④ 转引自《马克思恩格斯全集》第 4 卷，北京：人民出版社，1985 年，第 113 页。

而要想真正使人获得自由，就需要通过劳动的最好的组织来实现，也即自由竞争来实现。换句话说，此时马克思的认识水平比《1844年经济学哲学手稿》已经有了很大的提升，他已经认识到，要想废除私有制，其前提需要借助于矛盾着的社会物质活动自身来实现，而不是先前在1844年所持有的通过人的自我异化的积极扬弃即通过人并且为了人而对人的本质的真正占有来实现的观点了。显然，这是一种从矛盾的角度来理解社会生活的物质生产劳动的实质的视角。

但同时需要指出的是，马克思此时对社会物质活动的矛盾的理解还是很模糊的和不清晰的，尽管他也使用了政治经济学的概念，但是由于他还不能从深层次上把握这些概念的本质，因而无法获得对这些概念的完整把握和理解。例如他在文本中指出，"交换价值是对人类的需要"，显然，这里讲的不是交换价值的本质，其实是在谈论使用价值。因为此时，马克思是把交换价值当作现实社会的内容来理解的。我们知道，价格的高度在一定程度上取决于竞争的状况，然而马克思在此却将交换价值的高度取决于竞争的状况。也就是说，马克思此时在思考工人这种交换价值的时候，是没有与资本联系起来进行思考的。他是仅仅就工人的交换价值状况本身来谈论交换价值的。后来的马克思才认识到，封建社会的农民为地主干活，这种交换价值是一种不发达的表现形态。因为从根本上看，要想获得对社会物质活动的矛盾的深层次理解，就需要借助于历史唯物主义的视角，看到工人与资本家之间的矛盾，以及导致这一矛盾背后的更深层次矛盾，即资本主义社会生产力与生产关系之间的矛盾。如果不能从生产力与生产关系的矛盾运动的视角来认识工人与资本家之间的矛盾，就会局限于从政治斗争的层面来看待这种矛盾，而无法深入到出现这种政治斗争的背后根源也即社会的经济根源层面上。因此可以说，在这里，马克思对李斯特的批判思路其实延续了《神圣家族》的思路，将有产者和无产者作为两个相互对立的阶级来认识，而没有捕捉到这种对立之所以形成的背后的更深层次原因。也就是说，此时的马克思虽然摆脱了1844年的人的自我异化的视角，但是延续了《神圣家族》的思路，将由工人的劳动所体现出来的工资定位为人的生命的自由表现，显然，这是马克思从满足人类真正需要的角度来理解物质财富的价值的思路。需要指出的是，虽然马克思此时还没有从更深层次上来理解社会物质生活的矛盾的实质，但是我们决不能将他此时的认识水平与1844年的认识水平等量齐观。此时马克思经济学研究水平的滞后，使得他的理解水平的有限带有了客观性和必然性。因此可以说，在《评李斯特》中，马克思还不具备清晰的历史唯物主义的认识思路，但是已经具备了历史唯物主义的理论倾向了。

对象化的概念是对应有与现有的关系的认识，是人本主义的认识框架，是为了反衬异化也即现有的东西。马克思思想成熟后，他惊讶于黑格尔的哲学批判，从而意识到真正的自我超越就是批判，也即哲学的批判、历史的批判。后来的马克思揭示出生产力与生产关系的内在矛盾运动，并让这个矛盾运动最终成为扬弃资本主义的内在力量。因此，这种批判是建立在历史辩证法之上的批判。马克思此时注意到了自由竞争的矛盾现实，他的方法论已经转向了物质生产劳动。尽管此时他还未能讲清楚具体的矛盾本质是什么，但我们必须看到，此时的他已经实现了人本主义关于应有与现有的二分的一种突破。私有财产一旦完成了其自身，实现了私有财产的普遍化运动，那么资本主义社会也就完成了。在生产力的不断发展下，私有财产的形式也会不断发展。显然，这种认识不是仅仅停留于从社会关系的角度解读私有财产，而是将生产力的线索融入进去的一种科学认识方法。

四、私有制条件下的工业的消亡具有必然性

在《评李斯特》中，马克思指出，工业并不是"肮脏的买卖利益"，而是人占有自己的和自然的力量的表现。李斯特避开交换价值，而从国家生产力的角度来谈论工业的价值，将工业定位为国家在其中占有它自己和自然的力量的一个场所。李斯特指出："如果以任何国家的情况来看，在工业各部门都获得了发展的一个工业力量，是在文化上、物质繁荣上、政治力量上进一步发展的基本条件……工业独立以及由此而来的国内发展，使国家获得了力量，可以顺利经营对外贸易，可以扩张航运事业，由此文化可以提高，国内制度可以改进，对外力量可以加强。"[①] 李斯特的意思是，将工业提升到国家生产力的角度来认识，工业就具有了文化建设、经济建设、政治建设等多种功能了。与李斯特的思路不同的是，马克思思考工业的价值的基本立足点在于，工业是人占有自己和自然力量的一个场所，而不是增加和发展国家生产力的一个砝码。很显然，这是两个不同的理论视界。

因为将工业的价值定位为人占有自己和自然力量的一个场所而不是国家生产力的筹码，马克思必然会看到，私有制条件下的工业的命运必然是被超越，并且注定会被消灭，因为他的着眼点不是私有制下国家生产力的发展，而是人的发展和解放。当然，此时的马克思还看不到私有制条件下工业消亡的动力机制到底是什么，以及这种动力从哪里来。这一点前面已经说过，这与马克思此时经济学研究水平的滞后有关。应该

----

① ［德］弗里德里希·李斯特：《政治经济学的国民体系》，陈万煦译，北京：商务印书馆，1961年，第128—129页。

说，在《评李斯特》中，马克思只是从理想化的人的发展的角度出发，指出了现实工业与人的发展是相对立的，这是一对客观存在的矛盾，且这个矛盾是对立意义上的矛盾，不是内在矛盾意义上的矛盾。因此，此时的他还不具备给出现实的工业如何向理想的工业转化的现实路径的能力。在认识思路中，历史发展的客观逻辑被模糊的时候，历史发展的主体向度往往会被过分地抬高。但是我们也需要看到，虽然马克思的思路需要提高和完善，但是与李斯特这个"可怜虫"立足于增加国家生产力的角度来看待工业的价值的视角相比，马克思立足于人的发展的视角来看待工业的价值是非常难能可贵的。认识到这一点，我们就会理解马克思对李斯特的直接鄙视和批判了："难道这样的可怜虫有权在工业中看到买卖利益以外的其他什么东西吗？他能说他关心的仅仅是人的能力的发展和人对自然力的占有吗？"①

总之，在这个时期里，马克思主义哲学仍然处于传统哲学的构架中，其支配性理论架构是费尔巴哈式的人本主义话语体系，但由于马克思的初步经济学研究成果，他已经大大超出费尔巴哈的自然主义和黑格尔的思辨唯心主义，也大大超出了青年恩格斯、赫斯和蒲鲁东的一般经济学哲学批判，形成了独特的人本学劳动异化理论。这一话语架构并不是马克思主义哲学，即历史唯物主义。随着马克思从社会实践理论的推进，他开始确立了一定历史条件下的以物质生产方式为核心的新哲学世界观，与恩格斯一起逐步创立了广义历史唯物主义历史观，传统哲学的形而上学体系也随之逐步被消解掉了。这一次印证了我们的结论：马克思主义哲学不是现成的，而是生成的。

---

① 《马克思恩格斯全集》第42卷，北京：人民出版社，1979年，第258页。

第七章

实践、社会关系与革命：《关于费尔巴哈的提纲》的思想导读

如前所述，在《青年在选择职业时的考虑》一文中，青年马克思就表达出了对外部环境和现实世界的关注："我们不总是能够选择我们自认为适合的职业；我们在社会上的关系，还在我们有能力对它们起决定性影响以前就已经在某种程度上开始确立了。"① 这段话被看作是青年马克思对于现实与应有矛盾的较早思考，也解释了他后来为什么要放弃自己原有的哲学观而转向自己厌恶的黑格尔哲学，"向现实本身去寻求思想"的原因之所在。②

众所周知，《关于费尔巴哈的提纲》是马克思哲学思想发展过程中的一个极其重要的文本，在马克思主义发展史上占据着重要的地位。马克思在此对费尔巴哈的思想即直观唯物主义进行了一次总的清算和梳理，并在此基础上廓清了自己的理论平台。实践、社会关系与革命都不是孤立存在的，而是紧密联系在一起的：实践是社会关系为主线的革命的实践；社会关系是实践基础上的革命性的社会关系；革命是立足于实

---

① 《马克思恩格斯全集》第 40 卷，北京：人民出版社，1982 年，第 5 页。
② 《马克思恩格斯全集》第 40 卷，北京：人民出版社，1982 年，第 15 页。

践视阈下的社会关系的变革或革命。《关于费尔巴哈的提纲》是马克思一步步告别经验主义而拥有历史唯物主义新世界观的一个标识性文本。在施蒂纳看来，在尘世的现实世界里，费尔巴哈意义上的关于人的本质的东西并不存在，存在的只有具体的个人的本质。因此，对抽象的人的强调是脱离现代实践精神的"旧"哲学，然而我们需要建立起一种符合实践需要的"新"哲学，立足于对抽象的人的批判，进而强调具体的"我"的个人。这里的"我"，就是施蒂纳眼中的那个自我肯定的利己主义者。结合这一背景来思考，施蒂纳对费尔巴哈的批判在一定程度上进一步激发了此时的马克思，促使他想站在一个更高的理论高度来批判费尔巴哈。在施蒂纳那里，实践是单个人的利己主义者的实践；而在马克思那里，物质生产实践构成了社会的历史发展。

一、实践是革命的社会现实关系的实践批判

纵观整个马克思主义思想发展史，我们发现，马克思实践概念的内涵是十分丰富的，而唯物辩证法是实践的根本特性。在马克思看来，伴随着历史的、人们现实的实践活动的发展，人们所进行的实践活动的内涵也会随之不断地丰富起来。在资本主义等私有制社会中，这一过程是在矛盾中进行的。在改造自然界的维度上人类实践内涵的丰富最终导致了社会关系性质的不断变更，直到在推翻了最后的私有制即资本主义制度之后，人类实践活动的内涵才获得了彻底的丰富。正是在这一意义上，马克思才说实践活动本身具有"革命的""批判的"意义。马克思主义哲学方法论的实质，在于要求从现实的、历史的、具体的视角来分析社会生活。其哲学前提是黑格尔辩证法与费尔巴哈唯物主义的合理内核，其现实基础和理论源泉则是人类历史和资本主义社会的全部实践。

导致费尔巴哈的理论游离于"实践"之外的原因,在马克思看来,是跟费尔巴哈理论视域的局限性分不开的。费尔巴哈专注于对宗教异化的批判,专注于用独一无二的"人"来代替宗教中独一无二的"神",因此,现实的实践活动必然在他的理论视域之外。费尔巴哈必然看不到在把"宗教世界归结于它的世俗基础"之后,"主要的事情还没有做","因为,世俗的基础使自己和自己本身分离,并使自己转入云霄,成为一个独立王国,这一事实,只能用这个世俗基础的自我分裂和自我矛盾来说明。"只有在以感性存在为基础的人类学领域中,人才是独一无二的。而一旦踏入现实的感性活动之中,人就处于特定的社会关系网之中。继而,马克思把批判费尔巴哈理论的逻辑触角推进到了社会关系的层面。

马克思在《评李斯特》中就指出了资本主义社会中矛盾着的实践活动和自由竞争。虽然费尔巴哈也提到了人与人的关系的客观性,但是他是停留在抽象人性论的层次上提及的。费尔巴哈指出:"人们获得概念和一般理性并不是单独做到的,而只是靠你我相互作用的。人是由两个人生的——肉体的人是这样生的,精神的人也是这样生的:人与人的交往,乃是真理性和普遍性最基本的原则和标准。"① 但这里的人是人本主义视野中的人,是脱离现实社会实践关系的人,也是一群被利己主义思想所束缚的不幸的人。费尔巴哈认为,"在思维领域中把神学转变为人类学——这等于在实践和生活领域中把君主政体转变为共和国。"② 因此,在《提纲》里,马克思明确地指出,实践不是一个可以与社会

① 〔德〕路德维希·费尔巴哈:《费尔巴哈著作选集》(上),荣震华、李金山,译,北京:三联书店,1959年,第173页。
② 〔德〕路德维希·费尔巴哈:《费尔巴哈著作选集》(上),荣震华、李金山,译,北京:三联书店,1959年,第598页。

关系、革命割裂开来的实践，它不是对象化劳动的发展。

在这里我们需要区分两个概念：个体实践主体和社会实践主体。前者无疑是费尔巴哈的实践，后者是马克思的实践；前者以直观的方式进入来观察人，发现了社会生活中的人都是一个个功利主义的自私自利的人，人的行动就是功利主义的行动，也即社会个体主义的实践本身，毋宁说，费尔巴哈看到的人是关于实践活动本身的经验性事实；后者眼中的人是社会实践主体，它代表着整个社会实践的过程，内含着社会生产力、生产关系的内容等，是具体的实践。社会关系的矛盾性运动构成了社会实践主体本身，同时这一矛盾性运动本身也在不断地扬弃着自身。马克思批判费尔巴哈并"不理解革命的、实践批判的活动的意义"，这意味着，马克思此时眼中的实践本身具有革命性和批判性，实践绝不是依靠外部的东西例如人性来理解的。虽然在《法哲学原理》中，黑格尔也在研究市民社会，但是他却不知道"现实的感性活动本身"，黑格尔与费尔巴哈一样，都不了解实践本身所具有的革命的、批判的意义。因此，我们在理解"实践"概念的时候，需要把《提纲》的第一条与第六条和第十一条结合起来，决不能孤零零地把第一条拿出来进行解读。如果把第一条与第六条、第十一条结合起来理解，就会发现，《提纲》里有三个要点和关键词：实践（第一条）、社会关系（第六条）和革命（第十一条）。在马克思看来，实践就是社会关系的革命性实践；社会关系是贯穿于革命性实践当中的社会关系；革命是以实践为基础的社会关系的革命。从第一条到第十一条共同构成了马克思此时的思想主旨。

在《关于费尔巴哈的提纲》第一条的结尾处，马克思批评费尔巴哈只从卑污的犹太人的经商活动的角度来理解实践，而"不了解'革命的''实践批判的'活动的意义"。① 把这句话理解成费尔巴哈不了解实践活动的革命的、批判的意义也是可以的。马克思实际上是想表明，现实的实践活动尽管在唯心主义及旧唯物主义者那里没有什么理论地位，但它本身恰恰是具有革命的、批判的意义的。也就是说，真正具有革命的、批判的意义的东西，既不是费尔巴哈所指称的以人的本质为基础的理论的活动，也不是黑格尔所说的那种绝对精神的思辨运动，而是现实的实践活动。把这一点跟第六条中关于人的本质在现实性上是一切社会关系的总和的观点联系起来，不难看出，马克思此处所讲的现实的实践活动，无疑是指现实的社会实践活动。它所体现出来的不是个体的自由自主活动，而是客观的社会实践活动。至于这种客观的社会实践活动为什么具有革命的、批判的意义，那就是《德意志意识形态》所回答的问题了。正是因为生产力与交往形式（生产关系）的矛盾运动构成了上述客观的社会实践活动的本质内涵，而这种矛盾运动推动了生产关系的不断更新与革命，所以，上述这种客观的社会实践活动才具有革命的、批判的意义。因此，《关于费尔巴哈的提纲》所展现出的新世界观的萌芽，即对实践活动的批判的、革命的意义的强调，是必须要被推进到《德意志意识形态》所说的生产力与生产关系矛盾运动的理论层面的，否则的话，其理论逻辑就还没有完成，因为这种实践活动为什么具有革命的、批判的意义这一问题还没有加以回答。马克思、恩格斯新唯物主义哲学的这种深刻内涵，不仅直接提供了科学社会主义的哲学基础（生产力与生产关系的矛盾运动为科学社会主义运动提供了重要的哲学基础），而且也为马克思主义的政治经济学提供了重要的方法论指导。这不仅体现在我们所熟悉的从抽象上升到具体的科学方法论上

---

① 《马克思恩格斯选集》第 1 卷，北京：人民出版社，1995 年，第 54 页。

（只有在历史观上站在历史唯物主义的层面，才可能在政治经济学的方法论上坚持从抽象上升到具体的科学方法论，经验主义者是不可能理解这种科学方法论的理论意义的），而且还体现在一些基本概念的使用上。当我们说历史唯物主义哲学的基本概念是生产力、生产关系等的时候，也许我们会觉得有点奇怪：怎么把一些经济学概念当成哲学概念了？这在哲学史上可是绝无仅有的。殊不知，这种理解是不对的。马克思、恩格斯在历史唯物主义哲学层面上所使用的生产力、生产关系等概念，绝不是古典经济学或庸俗经济学意义上的直接的经济学概念，而是已经被提升到了社会历史观层面的哲学概念，或者最起码要说，它们已经是马克思主义政治经济学层面上的经济学概念。这两种说法其实是一样的，因为马克思主义政治经济学就是以马克思主义哲学为方法论指导的。我们从这一角度看下去就不难理解，为什么当其他经济学家以交往价值为核心概念的时候，马克思在《资本论》中会以价值为核心概念，并把交往价值仅仅视为价值的表现形式；为什么当其他经济学家专注于利润的分析的时候，马克思会从剩余价值的角度入手把资本主义经济过程彻底地剥离开来；为什么当其他经济学家把资本主义经济过程视为天然的、合理的过程的时候，马克思则说它一定会走向经济危机。以上阐述表明，马克思主义的政治经济学在基本逻辑层面是与马克思主义哲学息息相通的，就像它们都与科学社会主义的理论逻辑息息相通一样。

此时，马克思开始十分清楚地看到，资本主义的吊诡之处恰恰在于，工人的实践能力越强，他受剥削和压迫的程度越深，他的异化程度越深，因而，实践对于工人来说，绝不是一种自由自觉的活动。费尔巴哈的最大问题在于他仅仅立足于社会经验的表象层面来看待和认识实践，并将这种利己主义的、失去了爱的实践归结于基督教的人性的影响,他无法从深层上看到,导致这种利己主义实践盛行的根本原因在于资本主义的社会关系本身。而要想消除这种利己主义实践,唯有通过资本主义社会关系在历史过程中的自我扬弃的实现。费尔巴哈把人的异化的原因和消除异化的出路寄希望于人性的力量,不从社会关系入手去改变资本主义,仅仅依赖于人性的力量来消除现实的生活实践中的利己主义的个人,归根到底是一种缺失了现实根基的浪漫的乌托邦式的博爱幻想罢了。而要想实现对利己主义实践的批判和超越,唯有通过现实的社会实践也即感性的人的活动来完成。因此,马克思指出,"实践"具有革命的、批判的、能动意义,然而费尔巴哈是理解不了这一深刻意义的。

马克思实践概念中的辩证法特质是跟其哲学理性的立足点分不开的。在《提纲》的第十条,马克思说"旧唯物主义的立脚点是'市民'社会,新唯物主义的立脚点则是人类社会或社会化了的人类",① 这句话与"布鲁塞尔笔记"中的"为了表明什么是市民生活,市民生活就必须被解放"有异曲同工之处。从这里我们可以发现马克思实践概念中革命性与科学性的辩证统一。哲学理性如果以市民社会为立足点,那就永远无法领悟到具有辩证法特质的实践概念,它所能领悟到的要么是以终极眷注为基础的抽象的、人类学意义上的、单一的实践概念,要么是抽象实证主义的、同样是单一的劳动概念。前者如赫斯,只能提出一些以教育为基础的社会改革方案,后者如实证主义哲学家孔德,他干脆遁入了市民社会之中。马克思的"实践"之所以是一个具有辩证法的无穷魅力的、内容丰富的概念,这跟他站在超越资本主义制度的无产阶级立场上是分不开的。这一点,在后来的《资本论》第二版的跋中进

① 《马克思恩格斯选集》第 1 卷,北京:人民出版社,1995 年,第 57 页。

行了细致、形象而深刻的说明："因为辩证法在对现存事物的肯定的理解中同时包含对现存事物的否定的理解，即对现存事物的必然灭亡的理解；辩证法对每一种既成的形式都是从不断的运动中，因而也是从它的暂时性方面去理解；辩证法不崇拜任何东西，按其本质来说，它是批判的和革命的。"① 列宁在这个问题上有一段非常科学的解读，"客观主义者谈论现有历史过程的必然性；唯物主义者则是确切地肯定现有社会经济形态和它所产生的对抗关系。客观主义者证明现有一系列事实的必然性时，总是有站到为这些事实辩护的立场上去的危险；唯物主义者则是揭露阶级矛盾，从而确定自己的立场"。② 列宁在这里所界定的"唯物主义"显然跟马克思以实践为基础的唯物主义是相一致的。

从上面的分析可以看出，马克思在《提纲》中所界定的三个理论层面即社会生活在本质上是实践的、人是一切社会关系的总和、新唯物主义的立脚点是人类社会或社会化的人类是相互统一的。只要我们遵循马克思思想发展的真实历程，把"布鲁塞尔笔记"与《提纲》相互对照着加以研究，那么，看出上述这一点应该是不困难的。实际上，《提纲》中实践概念的提出标志着马克思已经具备了哲学理性的现代视界。哲学理性的载体，在此时的马克思看来，不是存在于那种终极的理想化境界之中，而是存在于现实的实践活动本身之中。哲学家所要做的事情，不是用一种抽象的终极目标来对客观现实做一种外在的批判，而是对现实的实践活动（马克思意义上的具有内在矛盾的实践活动）本身做出准确的解读。因此可以说，马克思《提纲》中的实践概念只是一个奠基性的概念，它宣告了一种哲学理性的新视界。至于这种新的视界

---

① 《马克思恩格斯选集》第 2 卷，北京：人民出版社，1995 年，第 112 页。
② 《列宁全集》第 1 卷，北京：人民出版社，2013 年，第 368—369 页。

的展开以及以实践概念为基础的哲学理论的建立则有待于获得更深层面的哲学概念。因为现实的实践活动本身就是在一系列的社会规定中存在和发展的，因此，要想在严谨的哲学理论的层面上展开实践概念中所表达的内容，就必须在"实践"所负载的各种社会规定中找出根本性的社会规定，并以此为基础来阐释整个实践活动的发展规律。这一理论使命在马克思与恩格斯合著的《德意志意识形态》（以下简称《形态》）中得到了完成。马克思用"生产力"和"交往"这两个概念建构起了历史唯物主义的哲学体系，建构起了社会经济形态的理论。

二、人的本质是革命性实践基础上的社会关系的相互作用的结果

在谈到人的本质问题时，费尔巴哈明确强调，这里的人是现实性的人："哲学的本质特点是与人的本质特点相符合的……不再彷徨于天上的神灵和地上的主人之间的人，一心一意转向现实的人，跟那些生活在混乱中的人比较起来乃是另一种人。"① 然而，在马克思写作的《提纲》第六条中，其通过批判费尔巴哈不讲历史而强调历史的重要作用。这里的历史就是社会实践关系的历史，也即历史进程本身。经验主义者往往强调个人功利的实践本身，它不具有革命意义和批判性质，因而看到的只是经验层面的事实本身；历史唯物主义者站在更高的理论层面，它撇开经验的层面，直指经验事实的历史深处，将实践本身当作构造历史的连续的建构过程。例如，对于"一个人在工厂劳动"这个客观事实，经验主义者往往看到的是这个人在干活，而历史唯物主义者却看到了这个人干活的表象背后所隐藏的深层的东西，会将这一经验事实理解

① ［德］路德维希·费尔巴哈：《费尔巴哈著作选集》（上卷），荣震华、李金山，译，北京：三联书店，1959 年，第 97 页。

为工人在创造包括剩余价值在内的劳动产品，这无疑是具有革命性意味的认识，因而更加深刻地抓住了事实本身。例如，以"张三在做面包"为例，经验主义者往往看到的是这个人在干活这一肤浅的经验事实本身；历史唯物主义者却能够看到更深层的东西，于是会进一步追问：第一，张三为什么不在自己家里劳动而到李四的工厂里劳动？第二，为什么张三虽然非常辛苦地做面包却依然很贫穷？在历史唯物主义者看来，张三并不仅仅是在做面包，毋宁说，他是在进行着一个创造或生产剩余价值的活动，而他或她之所以会创造出供资本家无偿占有的剩余价值，是资本主义这一特定历史阶段下资本主义生产关系的矛盾所致。经验主义者之所以停留在事物表象而不能看到深层次的东西，是因为其生产关系维度的缺失。资本主义社会里资本家之所以能够无偿占有工人创造的剩余价值，不仅仅是生产力矛盾运动的结果，同时也是生产关系矛盾的产物，是生产力与生产关系矛盾运动的构成。由此可以说，"张三在做面包"表明上的确反映的是一个事实或活动本身，而马克思却能够从这一事实中看到历史发展的动力，那就是：这一事实或活动本身蕴含着革命的、批判的力量，终有一天，张三会起来反抗自己总是到别人家里做面包这一事实，从而结束在别人家里做面包这个活动，成为一个自由自主的人。

在马克思看来，"社"与"会"是类，"结社""小刀会""大刀会"等都是类，然而，"社会"却不是类，"类"和"社会"的区别在于社会历史的发展。因为从人类社会发展史来说，十八世纪中叶才产生了"社会"，在此之前只有"社"和"会"。社会历史的发展凸显了"社会"本身，也即凸显了"政治"（国家）、"伦理"（个人）。理解了这一点，我们就能理解古希腊的亚里士多德热衷于谈论"政治"和

"伦理"的原因所在。只有到了近代,市民社会得以产生,"社会"这一概念才得以凸显出来。"政治"和"伦理"正是通过经济的力量凸显出来的,决不能抛开经济的力量而单纯地谈论政治和伦理。马克思此时对费尔巴哈的不满之处在于,当以历史为依据产生出社会关系这个东西之后,如果仍然从"政治""伦理"的"类"的思想来理解"社会"本身,显然已经不够了。作为伦理的"类"与社会关系的"类"的不同之处在于,后者维系和支撑其存在的主导性的东西是经济利益关系,而前者只是个人与个人之间的关系,不存在经济利益关系;毋宁说,后者从根本上说就是一个"阶级",因此,仅仅用"类"来理解社会关系就无法把握社会历史的真实进程。因为在马克思看来,这种观点明显缺乏对社会现实的反思能力。再进一步,马克思的这种"现实的个人"是负载着特定社会关系的个人。

在《提纲》第十条中,马克思指出:"旧唯物主义的立脚点是市民社会,新唯物主义的立脚点则是人类社会或社会的人类。"① 此处的"市民社会"概念,在德语语境和英语语境中的含义是不同的。在德语语境中,它是用来指称"被保护的或特权的公民社会";在英语语境中,却是用来表示"统权"的市民社会。在马克思看来,"旧唯物主义"的立足点是市民社会自身,而没有批判市民社会进而超越市民社会,因而它体现的是市民社会经验本身,而没有从社会关系的层次上来理解"社会化的人类"。

应当说,哲学的话语体系与经济学的话语体系是不同的,经济学回答的是各种经济现象和经济因素之间的关系问题,而哲学则必须回答在比经济学更广泛的层面上的世界观问题。因此,当马克思在经济学视域

---

① 《马克思恩格斯选集》第1卷,北京:人民出版社,1995年,第57页。

取得了新的思想成果的时候，他必然会把这些新思想凝练或者说"翻译"成哲学的语言，这是因为，一方面，马克思的思想发展是在哲学的层面上起步的，如果不在哲学理论的形态上把已经取得的新思想凝练出来，那就无法对过去曾经影响过自己的旧哲学观念进行真正的清理；另一方面，现实的社会主义运动也需要一种哲学理论的支持，如果不提出一种新哲学观来与当时流行的各种社会主义思潮相对抗，那么，对于工人运动的现实发展来说也是非常不利的。而对于此时的马克思来说，最需要加以清理的当然是费尔巴哈的哲学，因为，对于黑格尔客观唯心主义哲学观的批判，马克思早在《1844 年经济学哲学手稿》中就已经初步完成了，而且，从当时流行的各种抽象社会主义思潮的理论基础来看，费尔巴哈的人本主义也是一个最有待抨击的对象。因此，马克思在《提纲》中通过对费尔巴哈的批判来表达自己的哲学观点。

三、革命是打倒直观唯物主义的关于实践的批判的革命

在《提纲》第八条中，马克思明确指出："全部社会生活在本质上是实践的。凡是把理论引向神秘主义的神秘东西，都能在人的实践中以及对这个实践的理解中得到合理的解决。"① 这一观点是对前面内容的补充。此时的"实践"是指革命的、批判的实践活动，因此，切不可从个人实践或事实的表述的角度去理解，因为马克思已经超越了这一阶段。马克思此时的实践指向的是社会的实践，是具有革命性、批判性和能动性的社会实践。他看到的绝不是一个个孤零零的单个人的实践活动，而是具有革命性、批判性的社会实践。在马克思看来，只要理解社会活动的革命性和批判性本性，所有社会活动就都可以获得合理的认识

---

① 《马克思恩格斯选集》第 1 卷，北京：人民出版社，1995 年，第 56 页。

了。在历史唯物主义那里,实践具有三个主要属性:社会性、批判性和主体性。马克思自己早期例如在博士论文时期也在使用实践这个概念,但是《提纲》中的实践所指向的是革命的、批判的实践,只有把实践理解为一种革命的、批判的社会实践,才能领悟到社会生活的丰富性和实践本身的吊诡性。在资本主义社会里,绝不是人的实践能力越强,人的自由自主性就越大;相反,一个人的实践能力越强,他受剥削的程度就越大,他的异化程度也就越深。因此,《提纲》第九条中,马克思明确指出:"直观的唯物主义,即不是把感性理解为实践活动的唯物主义至多也只能达到对单个人和市民社会的直观。"① "直观的唯物主义"者例如费尔巴哈,他也是能够看到"张三在做面包""李四在砍树"这些事实本身的,费尔巴哈绝不是像我们传统上所理解的那样,他是一个不食人间烟火的人,看到的只是自然,因而看不到人的存在本身。费尔巴哈等直观唯物主义者的问题在于,以感性直观的方式看待市民社会,那么,市民社会里的人就是一个一个的单个人的活动,是人的活动的事实本身,其中没有内含着革命的、批判的力量。马克思指出,费尔巴哈的唯物主义之所以是直观唯物主义,是因为它指向基督教下的人的利己主义的实践,而不是现实的具体的实践。直观唯物主义的观点是通过批判宗教的统治地位而凸显出来的,是未能从实践的角度来理解社会生活的观点。费尔巴哈看到了现实社会生活中人的利己主义特征,却无法指出这种利己主义实践的社会历史根源在哪里。在费尔巴哈眼里,在一个个原子化的个人的市民社会中,现实的社会关系是不存在的,有的只是利己主义的单个的个人。实际上,这些个人就是自然地联系起来的人,是缺失社会关系的单个的人,在这种情况下,他们不可能组成以变革社

---

① 《马克思恩格斯选集》第1卷,北京:人民出版社,1995年,第56—57页。

会关系为根本的自由人的联合体。正是在这一意义上，马克思指出，直观唯物主义是不能达到市民社会内部、只能"直观"地分析市民社会的"旧唯物主义"。

在马克思看来，只有从革命的、批判的角度来理解实践本身，才能理解全部社会生活的本质。市民社会也好，私有财产的废除也罢，都必须在革命的、批判的实践活动中才能够得以完整把握。在《评李斯特》中，马克思就已经对市民社会中人的利己主义的实践特性进行了评析，但是他并没有像费尔巴哈那样，对市民社会的理解仅仅停留于个人的利己主义实践活动的层面，而是从更深层次指明了利己主义实践存在的现实基础即现存的私有制社会。因此，要想消除利己主义的实践，就必须从深层次上去消灭现存的私有制社会。在马克思眼里，市民社会不再是费尔巴哈那种停留在经验表象层面的，而是人类社会发展过程中必然出现的一种现实的社会制度和劳动组织发展过程的一个阶段，是私有制下的一种社会形态。显然，立足于历史性的社会关系本身来解读市民社会，使得他的唯物主义的立脚点是社会的人类而非传统的市民社会。因此，《提纲》第十一条明确指出："哲学家们只是用不同的方式解释世界，而问题在于改变世界。"① 需要指出的是，在马克思看来，以往的哲学家们都不想改变世界，例如托马斯·阿奎那、奥古斯丁、布鲁诺·鲍威尔等，布鲁诺·鲍威尔本身就是一个革命家，他非常渴望改变世界，只是在他看来，在当前的社会里，人的不自由的原因在于人的思想的不自由，因而，只要人的思想自由了，人的自由的获得就会成为可能。如果我们认为马克思之前的思想家都不想改变世界而只热衷于解释世界，那就是典型的布朗基主义者。同时，我们在理解第十一条内容的

---

① 《马克思恩格斯选集》第1卷，北京：人民出版社，1995年，第61页。

时候，决不能脱离前面的内容而孤立地理解，倘若如此，马克思就是一个政治学家了。而马克思的真正意图在于，他想在此指明革命的理论依据究竟是什么，为改变世界寻找到真正的理论依据和变革路径。当然，马克思也并非只想改造世界而不去解释世界。只是在鲍威尔看来，以往的思想家大多只是想通过改变人的意志、精神或思维来改变世界，实际上并没有达到改变世界的目的；毋宁说，真正的改变世界在于对现实世界的批判意义的张扬。在马克思看来，黑格尔哲学是"拖着一根庸人的辫子"的哲学，其思想主旨不是用来改变世界的，只是停留在解释世界的层面；布鲁诺·鲍威尔虽然是青年黑格尔派的主要成员，但是其改变世界的意图是明显的。在鲍威尔看来，人们之所以处于一个专制的世界里，是认为人的意识变得不自由了，因此，自由的自我意识的倡导是他希望改变世界的主要通道。显然，鲍威尔颠倒了现实与观念之间的关系，看不到人的异化思想的背后的根基在于现实的市民社会。费尔巴哈的确超越了鲍威尔的主观唯心主义思想，在对现实的利己主义的个人的实践活动的基础上提出了一般唯物主义，然而，费尔巴哈却把造成利己主义实践的根源归结为基督教本身，认为是基督教导致了人们对自然的肆意占有。他认为，只要把人们从基督教的奴役中解放出来，改变人们观念领域的错误认识，就能够改变现实的社会领域的状况，因而主张以神的本质来替代人的本质。因此，费尔巴哈在认识社会发展问题时颠倒了社会现实与思想观念之间的关系，企图通过改变人性来改变现实的世界。在鲍威尔那里，改变世界的途径是自由的自我意识；而在费尔巴哈那里，则是人的本质问题。因此，在改变世界的途径上，鲍威尔与费尔巴哈的认识是没有本质区别的，都是主张用历史唯心主义的途径来推翻现实的社会状况的。

　　显然，与鲍威尔和费尔巴哈的历史唯心主义立场不同，马克思立足于现实的人的实践这一根基，认为坚持以实践为基础的唯物主义逻辑进路，加上现实社会关系中的革命主体的力量，改变世界才能够得以完成。马克思认为，市民社会里的人之所以是异化的，不是因为他们自我意识的不自由，也不是因为他们的人性观出现问题，而是在于现实的私有制制度。因此，只有推翻现实的私有制制度本身，才能使人的异化得以消除。解释世界是必要的，但是改变世界更为紧要。如果不能在哲学上为消除人的异化找到正确的解放路径，那么改变世界也就成为一句空话，最后还是应当被列入到解释世界的行列当中去，比较典型的就是鲍威尔和费尔巴哈。事实上 1845 年以后马克思的历史观所放弃的并不是对人类未来历史的人道主义理想，而是对社会现实的人道主义幻想。

　　由于费尔巴哈对现实社会的批判只是从对宗教的批判中延伸出来的，因此，他事实上并没有正面展开对现实市民社会的研究与分析，只是用利己主义实践来指认这种社会所具有的特征而已。而且，更有意思的是，就像法国启蒙思想家往往把现实的政治国家及生活世界看成是充斥着政治阴谋和愚蠢行为的地方一样，费尔巴哈也必然从否定的视角入手，把现实的人的实践活动视为与人性相对立的利己主义者的行动场所。费尔巴哈的直观唯物主义甚至还做不到从肯定的方面来展开对市民社会的"直观"。也就是说，马克思实际上是从历史性的社会关系的视角来界定现实市民社会中的个人的。正因为如此，他的新唯物主义的"立脚点"是社会的人类。从这里我们可以看出，马克思对费尔巴哈的人类学唯物主义视界的超越，就是一件必然的事情了。

参考文献

一、专著

[1] 马克思, 恩格斯. 马克思恩格斯文集: 第 1-5 卷 [M]. 中央编译局, 译. 北京: 人民出版社, 2009.

[2] 马克思, 恩格斯. 马克思恩格斯选集: 第 1-4 卷 [M]. 中央编译局, 译. 北京: 人民出版社, 1995.

[3] 马克思, 恩格斯. 马克思恩格斯选集: 第 30 卷 [M]. 中央编译局, 译. 北京: 人民出版社, 1995.

[4] 马克思, 恩格斯. 马克思恩格斯全集: 第 1 卷 [M]. 中央编译局, 译. 北京: 人民出版社, 1995.

[5] 马克思, 恩格斯. 马克思恩格斯全集: 第 2 卷 [M]. 中央编译局, 译. 北京: 人民出版社, 1957.

[6] 马克思, 恩格斯. 马克思恩格斯全集: 第 3 卷 [M]. 中央编译局, 译. 北京: 人民出版社, 2002.

[7] 马克思, 恩格斯. 马克思恩格斯全集: 第 40 卷 [M]. 中央编译局, 译. 北京: 人民出版社, 1982.

[8] 马克思, 恩格斯. 马克思恩格斯全集: 第 21 卷 [M]. 中央编译局, 译. 北京: 人民出版社, 1965.

[9] 马克思, 恩格斯. 马克思恩格斯全集: 第 27 卷 [M]. 中央编译局, 译. 北京: 人民出版社, 1972.

[10] 马克思, 恩格斯. 马克思恩格斯全集: 第 42 卷 [M]. 中央编译局, 译. 北京: 人民出版社, 1979.

[11] 马克思, 恩格斯. 马克思恩格斯全集: 第 46 卷 [M]. 中央编译局, 译. 北京: 人民出版社, 2003.

[12] 马克思, 恩格斯. 马克思恩格斯全集: 第 47 卷 [M]. 中央编译局, 译. 北京: 人民出版社, 2004.

[13] 列宁. 列宁选集: 第 3 卷 [M]. 中央编译局, 译. 北京: 人民出版社, 1995.

[14] 亚当·斯密. 国民财富的性质和原因的研究: 上卷 [M]. 郭大力, 王亚南, 译. 北京: 商务印书馆, 1972.

[15] 亚当·斯密. 国民财富的性质和原因的研究: 下卷 [M]. 郭大力, 王亚南, 译. 北京: 商务印书馆, 1974.

[16] 大卫·李嘉图. 政治经济学及赋税原理 [M]. 郭大力, 王亚南, 译. 北京: 商务印书馆, 1962.

[17] 路德维希·费尔巴哈. 费尔巴哈著作选集（上卷）[M]. 荣震华, 李金山, 译. 上海: 生活·读书·新知三联书店, 1959 年版。

[18] 路德维希·费尔巴哈. 基督教的本质 [M]. 荣震华, 译. 北京: 商务印书馆, 1984.

[19] 蒲鲁东. 什么是所有权 [M]. 孙署冰, 译. 北京: 商务印书馆, 1982.

［20］金德里希·泽勒尼. 马克思的逻辑［M］. 荣新海、肖振远，译. 北京：中共中央党校出版社，1986.

［21］戴维·麦克莱伦. 卡尔·马克思传［M］. 王珍，译. 北京：中国人民大学出版社，2005.

［22］戴维·麦克莱伦. 马克思主义以前的马克思［M］. 李兴国，等，译. 北京：社会科学文献出版社，1992.

［23］戴维·麦克莱伦. 青年黑格尔派与马克思［M］. 威威仪，等，译. 北京：商务印书馆，1982.

［24］黑格尔. 黑格尔政治著作选［M］. 薛华，译. 北京：商务印书馆，1981.

［25］弗兰茨·梅林. 马克思传［M］. 樊集，译. 北京：人民出版社，1972.

［26］格奥尔格·门德. 马克思从革命民主主义者到共产主义者的发展［M］. 周莹，译. 上海：三联书店，1957.

［27］路易·阿尔都塞. 保卫马克思［M］. 顾良，译. 北京：商务印书馆，1984.

［28］乔恩·埃尔斯特. 理解马克思［M］. 何怀远，译. 北京：中国人民大学出版社，2008.

［29］奥古斯特·科尔纽. 马克思恩格斯传：1-3卷［M］. 管士滨，译. 上海：三联书店，1982.

［30］乔纳森·斯珀伯. 卡尔·马克思［M］. 邓峰，译. 北京：中信出版社，2014.

［31］曼弗雷德·克里姆. 马克思文献传记［M］. 李成毅，等，译. 郑州：河南人民出版社，1992.

[32] 弗兰尼茨. 马克思主义史 [M]. 李嘉恩、韩宗翔，等，译. 北京：人民出版社，1988.

[33] 亨利希·海涅. 论德国 [M]. 薛华、海安，译. 北京：商务印书馆，1980.

[34] 亨利希·海涅. 论德国宗教和哲学的历史 [M]. 海安，译. 北京：商务印书馆，1974.

[35] 葛兰西. 狱中札记 [M]. 曹雷雨，译. 北京：中国社会科学出版社，2000.

[36] 海德格尔. 存在与时间 [M]. 陈嘉映、王庆节，译. 上海：生活·读书·新知三联书店，1999.

[37] 卡尔·施米特. 政治的浪漫派 [M]. 冯克利、刘锋，译. 上海：上海人民出版社，2004.

[38] 黑格尔. 哲学史讲演录：第4卷 [M]. 贺麟、王太庆，译. 北京：商务印书馆，1978.

[39] 黑格尔. 美学：第1卷 [M]. 朱光潜，译. 北京：社会科学文献出版社，1995.

[40] 黑格尔. 法哲学原理 [M]. 范扬、张企泰，译. 北京：商务印书馆，1982.

[41] 黑格尔. 精神现象学 [M]. 贺麟、王玖兴，译. 北京：商务印书馆，1997.

[42] 黑格尔. 小逻辑 [M]. 贺麟，译. 北京：商务印书馆，1970.

[43] 望月清司. 马克思历史理论的研究 [M]. 韩立新，译. 北京：北京师范大学出版社，2009.

[44] 广松涉. 唯物史观的原像 [M]. 邓习议，译. 南京：南京大

学出版社，2009.

[45] 广松涉. 物象化论的构图 [M]. 彭曦、庄倩，译. 南京：南京大学出版社，2002.

[46] 马利宁，申卡鲁克. 黑格尔左派批判分析 [M]. 曾盛林，译. 北京：社会科学出版社，1987.

[47] 汤姆·洛克曼. 马克思主义之后的马克思——卡尔·马克思的哲学 [M]. 杨学功、徐素华，译. 上海：东方出版社，2008.

[48] 特雷尔·卡弗. 马克思与恩格斯：学术思想关系 [M]. 姜海波，译. 北京：中国人民大学出版社，2008.

[49] 康德. 纯粹理性批判 [M]. 邓晓芒，译. 北京：人民出版社，2004.

[50] 胡塞尔. 纯粹现象学通论 [M]. 李幼蒸，译. 北京：中国人民大学出版社，2004.

[51] 凯蒂·索珀. 人道主义与反人道主义 [M]. 廖申白、杨清荣，译. 北京：华夏出版社，1999.

[52] 莫泽斯·赫斯. 赫斯精粹 [M]. 邓习议，编译. 南京：南京大学出版社，2010.

[53] 卢森贝. 政治经济学史：第 3 卷 [M]. 李侠公，译. 上海：生活·读书·新知三联书店，1978.

[54] 巴扎尔，等. 圣西门学说释义 [M]. 王永江，等，译. 北京：商务印书馆，1986.

[55] 卢卡奇. 历史与阶级意识 [M]. 杜章智，等，译. 北京：商务印书馆，1992.

[56] 卡尔·科尔施. 马克思主义和哲学 [M]. 王南湜，等，译.

重庆：重庆出版社，1989.

[57] 尼·拉宾. 马克思的青年时代 [M]. 南京大学外文系，译. 上海：三联书店，1982.

[58] 弗里德里希·李斯特. 政治经济学的国民体系 [M]. 邱伟立，译. 北京：商务印书馆，1961.

[59] 弗里德里希·李斯特. 政治经济学的自然体系 [M]. 吴薇芳，译. 北京：商务印书馆，1997.

[60] 奥伊则尔曼. 马克思主义哲学的形成 [M]. 潘培新，等，译. 北京：三联书店，1964.

[61] 城冢登. 青年马克思的思想：社会主义思想的创立 [M]. 尚晶晶，李成鼎，等，译. 北京：求实出版社，1988.

[62] Γ·A·巴加图利亚. 马克思的第一个伟大发现 [M]. 陆忍，译. 北京：中国人民大学出版社，1981.

[63] 奥·巴库拉泽. 马克思早期思想研究 [M]. 秦水，等，译. 上海：三联书店，1963.

[64] 埃里克·霍布斯鲍姆. 如何改变世界：马克思和马克思主义的传奇 [M]. 吕增奎，译. 中央编译出版社，2014.

[65] 沃尔夫冈·豪格. 十三个尝试·对马克思主义思想的再阐释 [M]. 朱毅，译. 上海：东方出版社，2008.

[66] 山之内靖. 受苦者的目光：早期马克思的复兴 [M]. 彭曦、汪丽影，译. 北京：北京师范大学出版社，2011.

[67] 沃伦·布雷克曼. 废黜自我——马克思青年黑格尔派及激进社会理论的起源 [M]. 李佃来，译. 北京：北京师范大学出版社，2013.

[68] 乔治·马尔库什. 马克思主义与人类学：马克思哲学关于

"人的本质"的概念 [M]. 李斌玉, 孙建茵, 译. 哈尔滨: 黑龙江大学出版社, 2011.

[69] 莱泽克·科拉科夫斯基. 走向马克思主义的人道主义: 关于当代左派的文集 [M]. 姜海波, 译. 哈尔滨: 黑龙江大学出版社, 2013.

[70] 米哈依洛·马尔科维奇. 当代的马克思: 论人道主义共产主义 [M]. 曲跃厚, 译. 哈尔滨: 黑龙江大学出版社, 2011.

[71] 马克思. 马克思博士论文: 黑格尔辩证法和哲学一般的批判 [M]. 贺麟, 译. 上海: 上海人民出版社, 2012.

[72] 沈真. 马克思恩格斯早期哲学思想研究 [M]. 北京: 中国社会科学出版社, 1982.

[73] 胡万福. 青年马克思 [M]. 武汉: 华中师范大学出版社, 1988.

[74] 孙伯鍨. 探索者道路的探索 [M]. 合肥: 安徽人民出版社, 1985.

[75] 陈先达. 马克思早期思想研究 [M]. 北京: 中国人民大学出版社, 2006.

[76] 孙伯鍨, 张一兵. 走进马克思 [M]. 南京: 江苏人民出版社, 2001.

[77] 黄楠森, 庄福龄, 林利. 马克思主义哲学史: 第 1 卷 [M]. 北京: 北京出版社, 1996.

[78] 朱绍文. 经典经济学与现代经济学 [M]. 北京: 北京大学出版社, 2000.

[79] 李青宜. 阿尔都塞与"结构主义的马克思主义" [M]. 沈阳: 辽宁人民出版社, 1986.

［80］聂锦芳. 清理与超越——重读马克思文本的意旨、基础与方法［M］. 北京：北京大学出版社，2005.

［81］中山大学哲学系. 马克思主义哲学史稿［M］. 北京：人民出版社，1981.

［82］欧阳谦. 人的主体性和人的解放［M］. 济南：山东文艺出版社，1986.

［83］张一兵. 回到马克思——经济学语境中的哲学话语［M］. 南京：江苏人民出版社，1999.

［84］张一兵. 马克思历史辩证法的主体向度［M］. 南京：南京大学出版社，2002.

［85］张一兵. 文本学解读语境中的历史在场［M］. 北京：北京师范大学出版社，2004.

［86］张一兵. 问题式、症候阅读与意识形态［M］. 北京：中央编译出版社，2003.

［87］张一兵. 张一兵自选集［M］. 桂林：广西师范大学出版社，1999.

［88］张一兵，胡大平. 西方马克思主义的历史逻辑［M］. 南京：南京大学出版社，2004.

［89］夏莹. 青年马克思是怎么炼成的？［M］. 北京：人民出版社，2008.

［90］张一兵. 马克思哲学的历史原像［M］. 北京：人民出版社，2009.

［91］张一兵. 马克思主义哲学的历史与现状：第三卷［M］. 南京：南京大学出版社，1992.

［92］张一兵. 折断的理性翅膀——西方马克思主义哲学批判［M］. 南京：南京大学出版社，1990.

［93］孙伯鍨，侯惠勤. 马克思主义哲学的历史和现状：上、下卷［M］. 南京：南京大学出版社，2004.

［94］侯惠勤. 正确世界观人生观的磨砺：马克思主义著作精要研究［M］. 南京：南京大学出版社，1996.

［95］仰海峰. 形而上学批判——马克思哲学的理论前提及其当代效应［M］. 南京：江苏人民出版社，2006.

［96］唐正东. 从斯密到马克思——经济哲学方法的历史性诠释［M］. 南京：江苏人民出版社，2009.

［97］唐正东，孙乐强. 经济哲学视域中的当代资本主义批判理论［M］. 南京：江苏人民出版社，2009.

［98］聂锦芳. 清理与超越——重读马克思文本的意旨基础与方法［M］. 北京：北京大学出版社，2005.

［99］王东. 马克思学新奠基——马克思哲学新解读的方法论导言［M］. 北京：北京大学出版社，2006.

［100］俞吾金. 问题域的转换——对马克思和黑格尔关系的当代解读［M］. 北京：人民出版社，2007.

［101］刘建军. 马克思传［M］. 石家庄：河北人民出版社，1997.

［102］张光明. 马克思传［M］. 北京：中共中央党校出版社，1998.

［103］萧灼基. 马克思传［M］. 北京：中国社会科学出版社，2008.

［104］刘乃勇. 马克思自述传略［M］. 北京：新华出版社，2014.

［105］中共中央马克思恩格斯列宁斯大林著作编译局. 回忆马克思［M］. 北京：人民出版社，2005.

[106] 中共中央马克思恩格斯列宁斯大林著作编译局. 马克思恩格斯资料汇编 [M]. 北京：人民出版社，2011.

[107] 孙伯鍨等. 西方"马克思学" [M]. 南京：江苏人民出版社，1990.

[108] 刘小枫. 诗化哲学——德国浪漫美学传统 [M]. 济南：山东文艺出版社，1986.

[109] 陈学明. 永远的马克思 [M]. 北京：人民出版社，2006.

[110] 邹诗鹏. 激进政治的兴起：马克思早期政治与法哲学批判手稿的当代解读 [M]. 上海：复旦大学出版社，2012.

[111] 李鹏程. 马克思早期思想探源——1844 年经济学哲学手稿导论 [M]. 北京：人民出版社，2008.

[112] 陈先达等. 被肢解的马克思 [M]. 上海：上海人民出版社，1990.

[113] 张奎良. 马克思的哲学历程 [M]. 上海：上海人民出版社，1993.

[114] 陈东英. 赫斯与马克思早期思想关系研究 [M]. 北京：人民出版社，2011.

[115] 俞吾金. 被遮蔽的马克思 [M]. 北京：人民出版社，2012.

[116] 马泽民. 马克思主义哲学前史 [M]. 重庆：重庆出版社，1994.

[117] 黄克剑. 人韵——一种对马克思的读解 [M]. 上海：东方出版社，1996.

[118] 汤在新. 马克思经济学手稿研究 [M]. 武汉：武汉大学出版社，1993.

[119] 黄学胜. 青年马克思与启蒙 [M]. 上海：复旦大学出版社，

2013.

[120] 赵仲英. 马克思早期思想探源 [M]. 昆明：云南人民出版社，1994.

[121] 姜涌. 哲学的世界化：马克思早期哲学著作选读 [M]. 济南：山东大学出版社，2010.

[122] 李淑梅. 政治哲学的批判与重建：马克思早期著作研究 [M]. 北京：人民出版社，2014.

[123] 司强. 青年马克思与费希特思想关系研究 [M]. 北京：中国社会科学出版社，2014.

[124] 胡蕊. 文化的张力与理论的命运——科拉科夫斯基的青年马克思观研究 [M]. 哈尔滨：黑龙江大学出版社，2013.

[125] 姜海波. 青年马克思的生产力概念 [M]. 北京：人民出版社，2014.

[126] 徐亦让. 人道主义到唯物史观——马克思世界观的飞跃 [M]. 天津：天津人民出版社，1995.

[127] 吴楠. 人与社会关系思想的历史性生成——青年马克思思想探析 [M]. 北京：中国社会科学出版社，2013.

[128] 魏小萍. 追寻马克思——时代境遇下马克思人类解放理论逻辑的分析和探讨 [M]. 北京：人民出版社，2007.

[129] 侯才. 青年黑格尔派与马克思早期思想的发展——对马克思哲学本质的一种历史透视 [M]. 北京：中国社会科学出版社，1994.

[130] 刘同舫. 马克思人类解放理论的逻辑演进 [M]. 北京：人民出版社，2011.

[131] 黄秋生. 马克思批判理论的逻辑进路 [M]. 北京：社会科

学文献出版社，2013.

[132] 高齐云. 马克思主义哲学的原生形态探微 [M]. 广州：广东人民出版社，1998.

[133] 王志军. 论马克思的宗教批判 [M]. 北京：中国社会科学文献出版社，2007.

[134] 马佩. 马克思主义的逻辑哲学探析 [M]. 开封：河南大学出版社，1982.

[135] 许俊达. 超越人本主义——青年马克思与人本主义哲学 [M]. 北京：中国人民大学出版社，2000.

[136] 毛华兵. 走出青年黑格尔的马克思 [M]. 北京：中国社会科学出版社，2013.

[137] 王贵贤、田毅松. 1844 年经济学哲学手稿导读 [M]. 太原：中国民主法制出版社，2012.

[138] 吴仁平. 对马克思早期哲学著作的理解 [M]. 北京：中央党校出版社，2008.

[139] 安启念. 马克思恩格斯伦理思想研究 [M]. 武汉：武汉大学出版社，2009.

[140] 杨耕. 为马克思辩护——对马克思哲学的一种新解读 [M]. 北京：北京师范大学出版社，2004.

[141] 吴晓明，王德峰. 马克思的哲学革命及其当代意义——存在论新境遇的开启 [M]. 北京：人民出版社，2005.

[142] 吴晓明. 形而上学的没落——马克思与费尔巴哈关系的当代解读 [M]. 北京：人民出版社，2006.

二、论文

[1] 林锋. 为马克思早期人学思想的哲学地位辩护——以马克思著作的文本考察与比较研究为基础 [J]. 湖南社会科学, 2014 (3).

[2] 中共中央编译局马恩室. 走向唯物主义和共产主义之路 [J]. 马克思恩格斯研究, 1989 (2).

[3] 陈先达. 评费尔巴哈在马克思思想中的地位和作用 [J]. 哲学研究, 1981 (8).

[4] 朱宝信. 马克思早期哲学思想的性质和特征 [J]. 哲学动态, 1993 (4).

[5] 张一兵. "回到马克思" 的原初理论语境 [J]. 中国社会科学, 2001 (3).

[6] 张一兵. 马克思哲学初始地平线中的关系本体论 [J]. 马克思主义与现实, 1994 (4).

[7] 张一兵. 马克思走向哲学新视界的三次非常性探索 [J]. 哲学研究, 1996 (2).

[8] 张一兵. 思想构境论 [J]. 学术月刊, 2007 (5).

[9] 张一兵. 五大解读模式: 从青年马克思到马克思主义 [J]. 马克思主义与现实, 2006 (2).

[10] 张一兵. 何以真实地再现马克思主义哲学的发生史? [J]. 学术月刊, 2005 (10).

[11] 张一兵. 一定的、历史的、具体的——马克思科学批判话语的确立 [J]. 江汉论坛, 1996 (11).

[12] 张一兵. "市民社会" 与 "人": 一个共时性与历时性向度中

的逻辑悖结——读马克思的《黑格尔法哲学批判》　[J]．江汉论坛，1994（5）．

　　[13] 张一兵、周嘉昕．市民社会：资本主义发展的自我认识——来自于马克思主义的一种谱系学分析 [J]．南京大学学报，2009（1）．

　　[14] 张一兵．从精神现象学到人学现象学——析青年马克思《1844 年手稿》中对黑格尔的批判 [J]．社会科学研究，1999（2）．

　　[15] 张一兵．经济学批判中的人本学话语——青年马克思的《穆勒笔记》解读 [J]．马克思主义与现实，1998（3）．

　　[16] 吴晓明．论马克思早期思想的当代发展 [J]．学术月刊，1994（1）．

　　[17] 张一兵．经济学研究视域中的哲学失语——青年马克思《巴黎笔记》的摘录性文本研究 [J]．理论探讨，1998（5）．

　　[18] 张一兵．另一个马克思：一种人本主义化的诠释——弗罗姆《马克思关于人的概念》解读 [J]．马克思主义研究，2003（5）．

　　[19] 张一兵．论青年马克思对社会概念的初始规定——《1844 年经济学哲学手稿》第三笔记研究 [J]．中州学刊，1998（6）．

　　[20] 张一兵．马克思：共产主义与人类主体的现实解放 [J]．社会主义研究，1995（4）．

　　[21] 张一兵．青年马克思《巴黎笔记》的文本结构与写作语境 [J]．宁夏社会科学，1998（6）．

　　[22] 张一兵．青年马克思的第一次思想转变与《克罗茨纳赫笔记》[J]．求是学刊，1999（3）．

　　[23] 张一兵．青年马克思的批判的经济哲学——《1844 年经济学哲学手稿》第二、三笔记研究 [J]．南京大学学报，1999（1）．

[24] 张一兵. 青年马克思经济学研究中的哲学转变 [J]. 哲学研究, 1997 (11).

[25] 张一兵. 青年马克思人本主义社会现象学的确立——《1844年经济学哲学手稿》的第一笔记解读 [J]. 江汉论坛, 1998 (8).

[26] 张一兵. 青年马克思早期哲学视界中的主体辩证法 [J]. 河北学刊, 1995 (2).

[27] 张一兵. 青年马克思劳动异化逻辑框架的建构与解构 [J]. 南京社会科学, 1994 (1).

[28] 张一兵. 人本主义逻辑的亚意识颠覆——马克思《评李斯特》的文本解读 [J]. 江苏社会科学, 1995 (6).

[29] 聂锦芳. 再论"犹太人问题"——重提马克思早期思想演变中的一桩"公案"[J]. 现代哲学, 2013 (6).

[30] 鲁克俭. 马克思早期文本中的几个文献学问题 [J]. 杭州师范大学学报（社会科学版）, 2013 (6).

[31] 唐正东. 卢卡奇和阿尔都塞对马克思哲学观的解读：深刻性与肤浅性的并存 [J]. 南京社会科学, 1997 (3).

[32] 唐正东. 穆勒评注中"交往异化"的准确内容及其思想史地位 [J]. 现代哲学, 2008 (4).

[33] 唐正东. 经济学视域与青年马克思的哲学发展 [J]. 学海, 2007 (3).

[34] 唐正东. 马克思《穆勒评注》的思想史地位 [J]. 河北学刊, 2010 (5).

[35] 唐正东. 青年马克思的"现实人道主义"概念为什么很重要?[J]. 南京政治学院学报, 2012 (1).

[36] 唐正东. 正确评价马克思《黑格尔法哲学批判》的思想史地位 [J]. 河北学刊, 2002 (1).

[37] 唐正东.《哲学的贫困》中蕴含着的内在理论张力 [J]. 南京社会科学, 1997 (10).

[38] 仰海峰.《黑格尔法哲学批判》: 青年马克思与黑格尔关系的再思考 [J]. 山东社会科学, 2012 (4).

[39] 仰海峰. 马克思的劳动概念: 鲍德里亚的批评及其误读 [J]. 南京社会科学, 2003 (4).

[40] 仰海峰. 马克思异化劳动理论的逻辑建构 [J]. 南京政治学院学报, 1999 (1).

[41] 仰海峰. 青年马克思人学现象学的哲学建构——《对黑格尔的辩证法和整个哲学的批判》解读 [J]. 长白学刊, 2001 (1).

[42] 仰海峰. 赫斯: 马克思接受社会主义思想的中介人 [J]. 南京政治学院学报, 2000 年第 (2).

[43] 旷三平. 走出早期马克思——兼论马克思本体论思想的逻辑进路 [J]. 哲学研究, 2004 (12).

[44] 张亮. 传统马克思哲学研究模式的历史形成: 一种知识社会学审理 [J]. 学术月刊, 2005 (12).

[45] 张亮. 什么是马克思主义理解史上的模式? ——兼析作为"模式"的西方"马克思学" [J]. 浙江学刊, 2006 (6).

[46] 孙乐强. 从哲学批判到政治经济学批判: 马克思的哲学革命的再认识 [J]. 山东社会科学, 2017 (5).

[47] 孙乐强. 全球化时代的资本逻辑批判: 一种可能的建构方案 [J]. 求是学刊, 2020 (6).

［48］孙乐强. 马克思的哲学革命及其历史定位——基于政治经济学批判的再认识［J］. 马克思主义哲学论丛, 2017（1）.

［49］孙乐强. 马克思的平等观及其在当下中国的意义［J］. 江苏行政学院学报, 2015（4）.

［50］孙乐强. 马克思文化批判理论的历史生成及其当代价值［J］. 河海大学学报（哲学社会科学版）, 2012（4）.

［51］周嘉昕.《1844 年经济学哲学手稿》中的共产主义问题再研究［J］. 马克思主义理论学科研究, 2021（7）.

［52］周嘉昕. 另一个"青年马克思"——《1844 年经济学哲学手稿》早期研究补遗［J］. 内蒙古师范大学学报（哲学社会科学版）, 2021（5）.

［53］周嘉昕.《1844 年经济学哲学手稿》与历史唯物主义的形成——从鲁宾《论马克思的生产与消费》一文谈起［J］. 社会科学, 2020（7）.

［54］周嘉昕. 政治经济学批判视域中的《黑格尔法哲学批判》［J］. 马克思主义理论学科论丛, 2020（3）.

［55］周嘉昕.《1844 年经济学哲学手稿》: 历史、档案和理论［J］. 晋阳学刊, 2019（4）.

［56］周嘉昕. 从"《神圣家族》的准备材料"到《1844 年经济学哲学手稿》——兼论梁赞诺夫对辩证唯物主义的理论贡献［J］. 马克思主义与现实, 2019（1）.

［57］赵兴良. 阿尔都塞论青年马克思研究的方法［J］. 争鸣, 1988（1）.

［58］段毅, 宫敬才. 面对青年马克思的研究: 阿尔都塞如是说

[J]. 河北大学学报, 1997 (2).

[59] 郭瑞. 马克思早期思想研究 [J]. 马克思主义研究, 1984 (2).

[60] 都岩. 康德–费希特哲学对马克思学生时期思想发展的影响 [J]. 马克思主义与现实, 2014 (2).

[61] 陈学明. 马克思早期法哲学观及法律思想初探 [J]. 中国社会科学, 1983 (1).

[62] 林锋. 为马克思异化观的历史地位辩护——以马克思前后期异化思想的比较研究为基础 [J]. 东岳论丛, 2015 (2).

[63] 林锋. 异化劳动学说是马克思异化理论的唯一内容吗?——马克思早期异化理论体系阐释 [J]. 人文杂志, 2014 (4).

[64] 杨百成. 马克思早期意识形态思想论析 [J]. 北京师范大学学报 (人文社会科学版), 2001 (5).

[65] 王代月. 青年马克思走向政治批判的"卢格因素"研究 [J]. 北京行政学院学报, 2015 (1).

[66] 李永杰. 马克思早期市民社会理论的现代性特质——以《论犹太人问题》为解读文本 [J]. 福建论坛 (人文社会科学版), 2014 (8).

[67] 王倩. 马克思早期正义思想的萌芽与发展——从《博士论文》到《莱茵报》[J]. 社会主义研究, 2012 (5).

[68] 赵常林. 研究马克思早期哲学思想应注意的几个方法论问题 [J]. 江淮论坛, 1993 (4).

[69] 焦坤. 马克思早期共产主义思想发展轨迹探析 [J]. 理论探讨, 1994 (1).

[70] 黄克剑. 为新时代觅取火种的普罗米修斯——马克思《博士论文》探微 [J]. 哲学研究, 1987 (6).

[71] 刘卓红，卢文忠. 唯物史观创立进程中的马克思早期文化批判研究 [J]. 马克思主义研究，2013（8）.

[72] 刘明贵. 马克思《博士论文》关于哲学与现实的关系问题的论述 [J]. 中州学刊，1987（5）.

[73] 卢江、葛扬. 马克思主义恩格斯早期经济学思想形成之文本考证：二重性的视角 [J]. 河北经贸大学学报，2015（4）.

[74] 董仲其. 马克思早期哲学思想发展的主线 [J]. 社会科学研究，1990（5）.

[75] 杨栋. 早期马克思与海德格尔论"理论-实践"关系 [J]. 现代哲学》，2015（4）.

[76] 李福岩，张红梅. 马克思早期社会政治哲学的思想轨迹探析 [J]. 武陵学刊，2013（3）.

[77] 贺翠香. 马克思《1844 年经济学哲学手稿》中的劳动概念探微——从 MEGA2 的视角看 [J]. 黑龙江社会科学，2015（2）.

[78] 王月峰. 法典是人民自由的圣经——简析马克思早期自由思想的四个命题 [J]. 山东大学学报（哲学社会科学版），2007（1）.

[79] 陈仕伟. 试论马克思主义早期视野下的自然科学：重读《1844 年经济学哲学手稿》[J]. 实事求是，2015（4）.

[80] 范敏. 对马克思青年时期著作意义和价值的再思考——以马克思的博士论文为例 [J]. 安徽农业大学学报（社会科学版），2015（4）.

[81] 熊进. 马克思早期思想中的共产主义概念——《1844 年经济学哲学手稿》和《德意志意识形态》中相关论述的比较 [J]. 伦理学研究，2013（6）.

[82] 陈穗. 论马克思早期思想的发展 [J]. 暨南学报（哲学社会

科学版)，2001 (3).

［83］朱学平. 从共和主义到社会主义——马克思《论犹太人问题》新解 ［J］. 现代哲学，2014 (3).

［84］徐成芳，张艳宏. 马克思早期共产主义思想及当代价值 ［J］. 辽宁师范大学学报 (社会科学版)，2014 (1).

［85］陈飞. 货币异化与货币文明——马克思早期思想中的货币概念 ［J］. 社会主义研究，2014 (3).

［86］刘海江. 补上"政治异化"的缺环——马克思早期异化思想发展逻辑研究 ［J］. 吉首大学学报 (社会科学版)，2014 (3).

三、外文文献

［1］karl Marx. Marx Early Political Writings, Edited by Joseph oMalley, 2003.

［2］Louis Althusser, For Marx, Verso, 1996.

［3］Karl Marx Friedrich Engels Gesamtausgabe (MEGA), ErsteAbteilung Band 1, Dietz Verlag Berlin, 1975.

［4］Karl Marx Frederick Engels Collected Works, Volume1, Progress Publishers, Moscow, 1975.